给
青少年的
励志手册

U0666587

疯狂阅读
青春励志馆②

大学城

主编 杜志建

我们终将走进大学，

那段一生中充实与自由罕见并存的黄金时代。

汕頭大學出版社

图书在版编目（CIP）数据

疯狂阅读. 青春励志馆 2 大学城 / 杜志建主编.

汕头：汕头大学出版社, 2025. 4. -- ISBN 978-7-5658-

5563-4

Ⅰ. G634.333

中国国家版本馆CIP数据核字第2025GN9198号

疯狂阅读

青春励志馆 2 大学城

FENGKUANG YUEDU

QINGCHUN LIZHIGUAN 2 DAXUECHENG

主　　编：杜志建

责任编辑：蔡　瑶

责任技编：黄东生

封面设计：张　羽

封面绘图：张　羽

版面设计：武汉格物文化传媒有限公司

出版发行：汕头大学出版社

　　　　　广东省汕头市大学路 243 号汕头大学校园内　　邮政编码：515063

电　　话：0754-82904613

印　　刷：河南瑞之光印刷股份有限公司

开　　本：787mm×1092mm　　1/16

印　　张：10

字　　数：280 千字

版　　次：2025 年 4 月第 1 版

印　　次：2025 年 4 月第 1 次印刷

定　　价：25.80 元

ISBN 978-7-5658-5563-4

版权所有，翻版必究

如发现印装质量问题，请与承印厂联系退换

声明

　　基于对知识和创作的尊重，本书向所选文章、图片的作者给予补贴。因条件所限未能及时联系的作者，我们在此深表歉意，当您看到本书时，请与我们联系，以便我们向您支付补贴和赠送样书。因篇幅有限，部分文章有删节，敬请谅解。

　　联系方式：0371-68698015

目 录

大学精神 | 给大学新生的十二封信 ▶▶

大学印象

理想大学的一万种可能 ▶ ▶

大学记忆

高能量大学生活指南 ▶ ▶

本命专业 | 人生第一道重要选择题 ▶ ▶

职业画像

从象牙塔的理想到现实 ▶▶

大学精神

给大学新生的
十二封信

"人生有艰难的时候，也有痛苦的时候。

在那样的时候，我相信我们一定都会想起这个地方。

这个让我们觉得自己的梦想还有无限可能的地方，

这个让我们所有人都平等、尊贵、闪耀的地方。"

——电影《你好，之华》

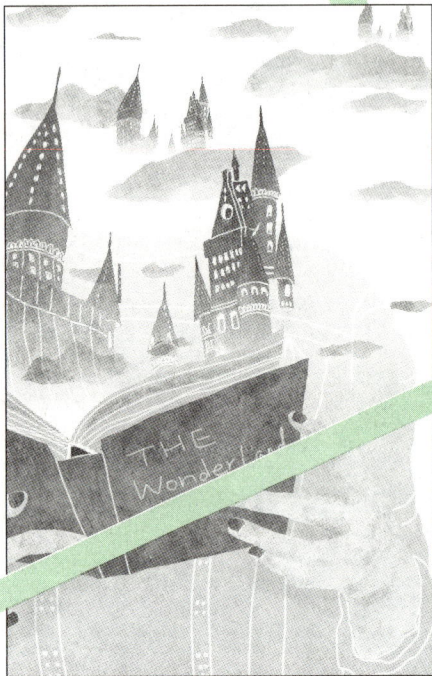

我们为什么要读大学？

——在绵阳中学的一次演讲

❋ 刘 同

绵阳中学的同学们，你们好。

我现在很紧张，印象里，我人生大概有两次极致的紧张。

第一次是我高考的时候，因为我不知道我能否考上大学。第二次是我几年前去清华和北大演讲时，那是我根本不可能考上的两个学校，面对那些成绩优异的学霸，我很忐忑。

但后来我想通了。我读高中的时候成绩落后，输了同学一大步。但是进入社会之后，我很努力地工作，慢慢追上了一些人。

走到今天，我可以大声地说一句："看，我并没有输。"对我来说，人生不仅仅只有高考才是重要的关口，其实人生一段一段全都是关口。每个关口都要努力，都能努力，都有机会去努力。

今天想和大家说的题目是"我们为什么要读大学？"在写这篇文章的时候，免不了回忆过去，那是我不愿意回首的日子，因为它对我来说太黑暗了。

三年前《人民日报》发表了一篇新闻，说是一个父亲不想让自己的女儿读大学，因为他认为读大学需要四年时间，一共要花掉八万学费。毕业后找的工作可能月薪也就两三千，他认为太不划算。那个父亲说让女儿高考之后直接去打工就好了，四年怎么着都可以赚个十几万吧。然后这十几万还可以用来创业、买房子、做投资，多好。

新闻一出来，一片哗然，大家开始疯狂讨论。

如果那时我还在读高中，我肯定会特别兴奋地拿着这张报纸给我爸妈看。我会说："你们别逼我考大学了，就让我早一点儿工作吧，提前给你们赚钱养老，早日实现我的价值，多好啊。"

那时的我固执地认为，成绩好就是为

这是一篇在绵阳中学的演讲，"成绩好"与"为什么要读大学"是两个概念。绵阳中学无疑是很棒的学校，但我仍然选取了这样一个主题，因为我相信——只有一个人知道自己的努力不是为了他人，而是为了未来的自己，很多事情才能心甘情愿去做，再苦再累也是理所当然。这是高三时的我的心声，希望能给同学们带来一点点帮助。

了让老师开心，让爸妈有面子，让七大姑八大姨羡慕，竖起大拇指说："瞧，人家孩子多棒。"

但是这些，跟我有什么关系呢？

我特别羡慕那些天生就会学习的同学，小学前十名、初中前十名、高中前十名。他们应付考试不费吹灰之力，人家是一做就全对，我是一看都不会。我绞尽脑汁也做不出来的题目，他们微微一笑就知道答案了，完全用智商碾压了我。久而久之，我认定了一件事，学习好、成绩好，对我来说就是不可能实现的白日梦，而我的存在就是个笑话，就是为了做尖子生的陪衬。

我认为自己完全不具备学习能力，那我为什么要强迫自己去考大学，让自己输个彻彻底底呢？

高三那年，我有同学要去长沙的湖南师范大学考中国传媒大学的播音系，就

问我："刘同你要不要去考？"说实话我哪学过什么普通话啊，我普通话真的超烂的。但是我想反正高三了，我也不想考大学，闲着也是闲着，如果我跟着去考了，万一传媒大学的招生老师又聋又盲呢？万一把我录取，那不是天上掉馅饼的好事吗？

事实证明中国传媒大学的招生老师不聋也不盲，事实证明天上永远不会掉馅饼。我初试就被淘汰了，而我的那些同学都进了复试。

既然如此，我就干脆死了心，来都来了，那就在校园里随便转转呗。于是，在同学去参加复试的时候，我就绕着整个大学城一点一点地逛。我看到那些风华正茂、意气风发的大学生们，结伴成群，一起弹吉他，一起唱歌，一起表演话剧，一起喝酒，一起看电影，在英语角用英文随意聊

3

天……在我眼里，大学就好像幸福自在的乐园一样。

在大学里，一个人可以参加很多社团，交很多朋友，拥有无限多的选择和最大限度的自由。那几天，我看得目瞪口呆。

这和我在中学里单调压抑的校园生活完全不一样。甚至我还发现男生女生亲密地走在一起，别人也不会用异样的眼神看他们。

我完全不能理解这是一个什么环境，难道大学都是这样的吗？

回去之后，我就一直在想这个事情。我的家乡在湖南郴州，那是一个小得不起眼的城市，生活了十几年，周围的同学和熟人都是一样的，亲戚朋友也是一样的。同样的面孔，同样的思维，同样的习惯，同样的言谈。生活圈子极其狭窄，我稍微有点事，立刻传得尽人皆知。人人都知道我的短板，所有人看见我必说的一句话就是："刘同你根本考不上大学，你真的不是读书的料。"所有人都在否定我，看不起我，所有人都认定，刘同这孩子，就这样了，这辈子都没什么出息。

时间久了，我产生了破罐破摔的心理，我抵触所有人，抗拒所有人。我不是不想考大学，我只是太讨厌那些在我耳边叨叨着让我一定要好好学习的人，他们好像是情感的绑架者和践踏者，以所谓"用心良苦"，打着"为你好"的旗号，不断打压我，踩扁我，让我深信不疑地认为自己就是差差差，一无是处。

从师大回去之后，我突然开窍了，眼前似乎打开了一扇门，通往一条从未见过

的道路。我不再消极对抗，不再懈怠沉沦，我开始强烈地想尝试一种新的生活，我想认识更多有趣的人，而不是十几年来随时随地都会讽刺我的那些熟面孔。我也想去参加那些社团，接触全新的世界、全新的人群。我想摆脱父母的安排，不再由别人告诉我该如何去做。

那一刻，我幡然醒悟，仿佛被打通了任督二脉，整个人都亮堂了。我必须靠自己的努力走出去，看看外面的世界。

如果我不考大学，留在这个小城，找份看得到尽头的工作，那我这辈子就真的全完了，只剩死路一条。

那一刻，我突然明白了自己之前有多蠢。我花了那么多时间在跟成绩好的同学较劲，在跟那些逼我学习、讽刺我落后的人对抗。从前我学习的目的似乎只是要争前三名，而我无论如何也争不到。我人生的全部挫败感都源于此，我所有的精力、思想，也都耗费于此。

我一直以为读书是为了父母，为了老师，为了在同学面前扬眉吐气，为了在亲戚朋友眼里有面子。但从湖南师大回来后，我完全转变了，我清楚地意识到，考上大学，不为任何人，只是为了自己。为了自己能够展翅高飞，离开一成不变的环境，飞到更高更远的地方，去认识更多更好更有趣更优秀的人。

我太晚才明白这个道理。但是，世上从来没有太迟的事。

从那天开始我拼命学习，天不亮就起床，把高一、高二落下的功课全部从头看一遍，任何一个小问题都不放过，直到弄

明白为止。每天只睡几个小时，一直学习到凌晨两三点。本来已经对我不抱任何希望的爸妈看到我这个样子，都以为我从长沙回来之后受了刺激，疯掉了。

他们当然不知道我心里是怎么想的。那时我心心念念的就是我一定要逃离他们，一定要远走高飞，我多考一分就能离他们远一点儿，我多考十分就能离他们再远一点儿，如果有本事的话，我真恨不得自己考到国外去，永远都不回来。

去考中国传媒大学播音主持系之前，我的成绩是班里倒数十名。最后高考的成绩出来，我让所有人大跌眼镜：比一模成绩高出一百多分，超水平发挥，考上了湖南师范大学的中文系。

进入大学之后，我每天都练习写作，也开始认识更多的朋友。他们性格迥异，新鲜风趣，我跟他们分享读书的感受，尽情讨论对各种事物的看法。我整个人的状态一下子就变了，从高中时的颓废、自卑、压抑，变得阳光、乐观、热情。

我要感谢自己在高中最后几个月的努力。如果当时选择了放弃，我不可能遇到这么多优秀的同学，又通过与他们的相识改变了自己。读大学很重要的意义就是，遇见跟你一样努力的人，你们一起发光。

转发《人民日报》那条新闻时，我写了一段话：读大学的价值也许在于能认识未来几十年最重要的朋友，能分辨哪些人自己一辈子都不会交往，能集中解决很多困惑，从而形成自己的原则，开始学会拒绝。读大学的价值在于你明白了世界上

有很多优秀的人，你开始有了靠近他们的动力，读书不是为了拿文凭或者发财，而是为了成为一个有温度、懂情趣、会思考的人。

你现在努力，未来就会遇见那些和你一样努力的人，你现在不努力，你未来遇见的人大概也是和你一样的状态和处境。

所以回到我们开始的话题，高考重要吗？当然重要，而且极其重要。

人生的道路上，未来还有很多坎儿，肯定比高考还要难跨过去。再也没有什么竞争像高考那么纯粹，那么公平：人人面对同样的评估标准，单纯通过勤奋刻苦，就能获得优异的成绩。

步入社会后，你会发现，很多事，即便努力也是无用的，因为出身、地位、背景的差异，因为社会的各种潜规则，我们不再拥有公平竞争的机会。从此也再不会像高考这样，有一群同龄人和你一起战斗，有老师带着你们奋力向前，有家长在背后做你们的强大支援。

高考的可贵，就在于它的纯粹，所以一定要把握最后的时机，在最纯粹的竞争中，漂亮地尽力地拼搏一次。

绵阳中学的同学们，我很羡慕你们在这么好的学校读书，你们能考进这所重点高中，一只脚已经跨进了大学的校门。你们所要努力的方向，是选择更好，追求卓越。如果我一早知道读书不是为了家长，也不是为了老师，而是为了改变自己的命运，让自己变得更优秀，也许就不会觉得读书是个苦差事，希望你们也不觉得辛苦，痛并快乐着。谢谢。

大学生活才是新的开始

✳ 张一鸣

——南开大学 2016 级新生开学典礼上的演讲

我还能非常清楚地回想起，高三报志愿，我给自己定了 4 个标准：首先，必须是一所著名的综合性大学，不要像中科大那样，男女比例严重失调，找女朋友难度太大；其次，必须靠海，因为我喜欢吃海鲜；再次，不能离家近，免得父母总找到宿舍楼下来；最后，冬天要会下雪，我是福建人，确实没见过雪，真的很想玩。几个维度综合起来就是：一个冬天会下雪的、有很多漂亮女生的滨海大都市……

筛选下来我才发现，符合上面几个条件的只有一所学校——南开大学。开学那天，出了当时的天津火车站，我才理解了滨海大都市的含义。

昨晚，我在校园里走了走，觉得新校区真的很漂亮，大家很幸福。我们那时候可完全不一样。我在八里台校区。我记得出了火车站，打了辆"大发牌"出租车，路遇卫津河，卫津河也跟我想的不一样。车子直接开到老体育馆门口，当时的体育馆非常破旧。现在的新体育馆和综合楼，当时都没有。最令人难过

的是，第一年我住在王顶堤的儒苑公寓，每天早上要骑自行车，吭哧吭哧 20 分钟才能到校园。前两年，我听校长说，要把本科生都放到校内，我想说早这样就好了啊。

这些都不是最重要的，最重要的是心态：大一的时候，我总觉得在过"高四"。高考填报志愿的时候，我第一志愿写的是生命科学，因为当时生物老师说，生命科学会是 21 世纪科学的领头羊；第二志愿是微电子专业。可惜，高考成绩差了点，所以我被调剂到微电子专业。为什么说觉得像高四呢？因为生活方式没有从高中调整过来，课业也很繁重，每天上课、上自习，教室、食堂、宿舍三点一线。这让我蛮失落的。

但我没沮丧很久，就慢慢地从安静朴素的校园和踏实努力的氛围中，找到了自己的节奏：我决定换专业，去软件工程。原因是，我发现相比于在面包板上做正弦波信号发生器，我对计算机更感兴趣。大一的时候，我就泡在"我爱南开"BBS 网

高考不是人生的结束，大学生活才是新的开始。在大学最重要的事情是踏踏实实地积累，成为有判断力的人。

页开发技术版，用现在的话来说，算小网红了。转专业的第一天，我发现软件工程的老师也都知道我。

我是想告诉大家，也许对你们其中的一些人来说也是一样的，兴奋感褪去后，渐渐发现，大学生活不如自己想象中那般丰富和刺激。大学以前，我们按部就班地生活，没有太多自主选择权。但从大学开始，个人选择就变得格外重要，越早认识到这一点，大学阶段的收获就越大。

说回到我的大学生活。其实，转院后，生活也没多大变化，依然是日复一日往返于图书馆和实验室。

那么，要怎样面对枯燥的生活？

看书。寂寞的大学生活，给了我人生中最安静的阅读时光。我用别人打游戏、打牌的时间，阅读了各种各样的书，或者说乱七八糟的书，包括各个专业的书、人物传记，还有各种境内外的报刊。

看书看累了，我就到新开湖畔发个呆，或者在泰达公园散步，给自己列出

各种各样与短期目标无关的问题来思考。这些问题短期来说确实没有什么意义，但在这样的环境去思考长期问题，也挺好的。

当然，那时候，我也有困惑，觉得看的这些东西和思考的问题都很有意思，但在生活中没什么用。直到后来我进入互联网行业并开始创业，各种各样的知识才发挥作用，帮我理解行业、理解管理，更快地掌握不熟悉的领域。

另外，不得不说，人物传记是非常好的心灵鸡汤。我读了很多人物传记，如果说有什么收获，就是发现那些伟大的人，在没有成为伟大的人之前，也是过着非常枯燥的生活，每天都在做一些微不足道的事情，但这些事情最后从点连成线，成就了他们。

我毕业后参与创立了酷讯、饭否、九九房，直到现在的今日头条，每一段创业经历都挺寂寞的，尤其是在苦闷纠结的时候。前些年，创业环境还不像今天，一堆人都在五道口华清嘉园、东升园创业，平时

在居民楼里查资料，研究用户需求，敲代码，谁也不认识你。也可能你的想法都不错，但不会马上转化到产品上，你必须承受漫长时光的煎熬。现在回想，耐心非常重要，不仅是等待的耐心，还要有耐心做深入思考，还要有耐心找到更多更好的合作伙伴。

所以我觉得，有些心智，确实需要在大学这样安静的环境里才能培养，比如耐心，比如要踏踏实实做事，做事情不走捷径，尽可能基于长期来做思考。创办今日头条至今，每天都面对很多诱惑，包括来自巨头的很好的 offer（录用邀请）、天价的并购，我们都坚持住了。这离不开大学校园的熏陶，我时常想大学那么漫长的寂寞我都熬过来了，还怕什么？

最后也是最重要的，我在南开结识了很多优秀的同伴。作为一个不怎么参与集体活动的理工男，怎么保持社交呢？主要靠修电脑、编程和建网站。跟你们现在不同，当年 PC 整机还不普及，于是我常年混迹天津的"硅谷"——鞍山西道，帮大伙挑配件。我装过几十台电脑，当然大部分是帮女同学装，不但要帮忙装电脑，还要经常维修。没错，就像你们想象的那样，修电脑为我带来了人生中重大的收获——当时的女朋友，现在的太太。

还有很多因为爱好计算机而结识的朋友，成了后来的创业伙伴或者同事。比如我的室友梁汝波。大二的时候，他去买了一台主机，我买了一台显示器，凑成一对，两个人一起用。我们两个微电子专业的人，每天一起钻研编程。后来，我转到软件工程专业，那台电脑就给了他。他后来也成了我的创业伙伴。我记得，大学期间，我还当过学院软件开发协会的会长，组织过计算机比赛。当时第一名是一个叫李飞的同学，虽然他是化学系的，但写程序比本专业的还快。现在他也是今日头条的一员。

讲了那么多，最后想跟大家说：高考不是人生的结束，大学生活才是新的开始。在大学最重要的事情是踏踏实实地积累，成为有判断力的人。这样才能在人生的十字路口做出正确的选择，这几乎是你人生中最重要的事情。

我们中有太多人都把青春奉献给了四个字：按部就班。按部就班地上了高中、大学，读了研究生，找了工作；按部就班地找到了男女朋友，生了孩子。

在别人眼中，我们都是"优秀"的代名词，而你自己始料未及的是，在不断的"优秀"当中，我们却把自己的人生活成了"平庸"。

01 "你要拿它做什么？"

我提出的问题，当然，是一个经典的面向人文科学的专业所提出的问题：学习文学、艺术或哲学能有什么实效价值？

你肯定纳闷，我为什么在以科技闻名的斯坦福提出这个问题呢？大学学位当然是给人们带来众多的机会，这还有什么需要质疑的吗？

但那不是我提出的问题。这里的"做"并不是指工作，"它"也不是指你的专业。我们的价值不仅仅是我们的工作，教育的意义也不仅仅是让你学会你的专业。

教育的意义大于上大学的意义，甚至大于你从幼儿园到研究生院所接受的所有正规学校教育的意义。

我说的"做什么"的意思是，你要过什么样的生活？我所说的"它"指的是你得到的正规或非正规的任何训练，那些把你送到这里来的东西，你在学校的剩余时间里将要做的任何事。

02 "有一天醒来"

你是如何从活泼能干的 19 岁年轻人，

别在不断的优秀里，最终走向平庸

——2019 年在斯坦福大学的演讲

❈ 威廉·德莱塞维茨

变成了只想一件事的 40 岁中年人？

我们不妨先来讨论你是如何考入斯坦福的吧。你能进入这所大学说明你在某些技能上非常出色。你的父母在你很小的时候就鼓励你追求卓越，他们送你到好学校，老师的鼓励和同伴的榜样作用激励你更努力地学习。

除了在所有课程上都出类拔萃之外，你还注重修养的提高，充满热情地培养了一些特殊兴趣。你参加了许多课外活动，参加私人课程。你用几个暑假在本地大学里预习大学课程，或参加专门技能的夏令营或训练营。你学习刻苦、精力集中、全力以赴。所以，你可能在数学、钢琴、曲棍球等方面都很出色，甚至是个全能选手。

掌握这些技能当然没有错，全力以赴成为最优秀的人也没有错。错误之处在于这个体系遗漏的地方：即任何别的东西。

我并不是说因为选择钻研数学，你在充分发展话语表达能力的潜力方面就失败了；也不是说除了集中精力学习地质学之外，你还应该研究政治学；也不是说你在学习弹钢琴时还应该学吹笛子。毕竟，专业化的本质就是要专业性。

可是，专业化的问题在于它把你的注意力限制在一个点上，你所已知的和你想探知的东西都限于此。真的，你知道的一切就只是你的专业了。

专业化的问题是它只能让你成为专家，切断你与世界上其他任何东西的联系，不仅如此，还切断你与自身其他潜能的联系。

当然，作为大一新生，你的专业才刚刚开始。在你走向所渴望的成功之路的过程中，进入斯坦福是你踏上的众多阶梯中的一个。再读三年大学，三五年法学院或医学院或研究型博士，然后再干若干年住院实习生或博士后或者助理教授。总而言之，进入越来越狭窄的专业化轨道。

你可能从政治学专业的学生变成了律师或者公司代理人，再变成专门研究消费品领域的税收问题的公司代理人。你从生物化学专业的学生变成了博士，再变成心脏病学家，再变成专门做心脏瓣膜移植的心脏病医生。

我再强调一下，你这么做当然没有什么错。只不过，在你越来越深入地进入这个轨道后，再想回忆你最初的样子就越发困难了。

你开始怀念那个曾经弹钢琴和打曲棍球的人，思考那个曾经和朋友热烈讨论人生和政治以及课堂内容的人在做什么。那个活泼能干的 19 岁年轻人已经变成了只想一件事的 40 岁中年人。

难怪年长的人总是显得那么乏味无趣。"哎，我爸爸曾经是非常聪明的人，但他现在除了谈论钱和肝脏外再无其他。"

还有另外一个问题，就是或许你从来就没有想过当心脏病医生，只是碰巧了而已。随大流最容易，这就是体制的力量。我不是说这个工作容易，而是说做出这种选择很容易。或者，这些根本就不是自己做出的选择。

你来到斯坦福这样的名牌大学是因为聪明的孩子都这样；你考入医学院是因为它的地位高，人人都羡慕；你选择心脏病学是因为当心脏病医生的待遇很好。你做那些事能给你带来好处，让你的父母感到骄傲，令你的老师感到高兴，也让朋友们羡慕。

从你上高中开始，甚至初中开始，你的唯一目标就是进入最好的大学，所以现在你会很自然地从"如何进入下个阶段"的角度看待人生。"进入"就是能力的证明，"进入"就是胜利。

先进入斯坦福，然后是约翰霍普金斯医学院，再进入旧金山大学做实习医生等。或者进入密歇根法学院，或高盛集团或麦肯锡公司或别的什么地方。你迈出了这一步，似乎就必然会迈出下一步。

也许你可能确实想当心脏病学家。十岁时就梦想成为医生，即便你根本不知道医生意味着什么。你在上学期间全身心都在朝着这个目标前进。你拒绝了上大学预修历史课的美妙体验的诱惑，也无视你在医学院儿科病床轮流值班时照看孩子的可怕感受。

但不管是哪种情况，要么因为你是随大流，要么因为你早就选定了道路，20年

后某天你醒来，你可能会纳闷到底发生了什么：你是怎么变成了现在这个样子，这一切意味着什么。

不是在说宽泛意义的事情，而是它对你意味着什么。你为什么做它，到底为了什么呢？这听起来像老生常谈，但这个被称为中年危机的"有一天醒来"的情况一直发生在每个人身上。

03 创造新活法的能力

真正的创新，是创造新的可能性，是创造你自己的生活。

几年前，我在哈佛参加了一次小组讨论会，一个学生正在写有关哈佛的毕业论文，跟我讨论哈佛是如何给学生灌输她所说的"自我效能"，一种相信自己能做一切的意识。

自我效能有更熟悉的说法：自我尊重。她说在考试中得了"优秀"的学生中，有些会说"我得'优秀'是因为试题很简单"。但另外一些学生，那种具有自我效能感或自我尊重的学生，会说"我得了'优秀'是因为我很聪明"。

我得再次强调，认为得优秀是因为自己聪明的想法并没有任何错。不过，哈佛学生没有认识到的是他们没有第三种选择。

当我指出这一点时，她十分震惊。我指出，真正的自尊意味着最初根本就不在乎成绩是否优秀。真正的自尊意味着，尽

管你成长过程中的一切都在教导你要相信自己，但你所达到的成绩，包括那些奖励、录取通知书等所有这一切，都不能来定义你是谁。

她还说，哈佛学生把他们的这种自我效能带到了社会上，并将自我效能重新命名为"创新"。

但当我问她"创新"意味着什么时，她能够想到的唯一例子不过是"当上世界大公司 500 强的首席执行官"。我告诉她这不是创新，这只是成功，而且是根据非常狭隘的成功定义而认定的成功而已。

真正的创新意味着运用你的想象力，发挥你的潜力，创造新的可能性。但在这里我并不是想谈论技术创新，不是发明新机器或者制造一种新药。

我谈论的是另外一种创新，是创造你自己的生活，不是走现成的道路而是创造一条属于自己的道路。我谈论的想象力是道德想象力。"道德"在这里与对错无关，而与选择有关。道德想象力是那种能创造新的活法的能力。

它意味着不随波逐流，不是下一步要"进入"什么名牌大学或研究生院。而是要弄清楚自己到底想要什么，而不是父母、同伴、学校或社会想要什么。即确认你自己的价值观，迈向自己所定义的成功的道路，而不仅仅是接受别人给你的生活，不仅仅是接受别人给你的选择。

如今走进咖啡馆，服务员可能让你在牛奶咖啡、加糖咖啡、浓缩咖啡等几样东西之间做出选择。但你可以做出另外的选择，你可以转身而去。

当你进入大学，人家给你众多选择，或法律或医学或投资银行和咨询以及其他，但你同样也可以做其他事，做从前根本没有人想过的事。

04　道德勇气

比想象力更难的，是按自己的价值观行动的勇气。

这种人和其他人对世界的看法截然不同，更糟糕的是，会让别人对自己已经做出的选择感到不安全或无法做出选择。只要别人也不享受自由，人们就不在乎自己被关进监狱。可一旦有人越狱，其他人都会跟着跑出去。

我在就这些问题与学生交流时经常听到一个词："自我放任"。

"在攻读学位过程中有这么多事要做，试图按照自己的感觉生活难道不是自我放任吗？""毕业后不去找个真正的工作而去画画难道不是自我放任吗？"

这些是年轻人只要思考一下稍稍出格的事就不由自主地质问自己的问题。更糟糕的是，他们觉得提出这些问题是理所应当的。许多学生在高年级的时候跟我谈论，他们感受到来自同伴的压力，他们想为创造性的生活或独特的生活正名。

你们得到的教导是应该上大学去学习，但你们同时也被告知如果你想学的东西不是大众认可的，那就是你的"自我放任"。如果你学习自己感兴趣的东西的话，更是"自我放任"。

这是哪门子的道理？进入证券咨询业是不是自我放任？进入金融业是不是自我放任？像许多人那样进入律师界发财是不是自我放任？搞音乐、写文章就不行，因为它不能给人带来利益，但为风险投资公司工作就可以。追求自己的理想和激情是自私的，除非它能让你赚很多钱——那样的话，就一点儿也不自私了。

你们看到这些观点是多么荒谬了吗？这就是罩在你们身上的网，就是我说的需要勇气的意思。而且这是永不停息的抗争过程。

两年前，有个学生谈到我说的大学生需要重新思考人生决定的观点，他说："我们已经做出了决定，我们早在中学时就已经决定成为能够进入哈佛的高才生。"

我在想，谁会打算按照他在 12 岁时做出的决定生活呢？让我换一种说法，谁愿意让一个 12 岁的孩子决定他们未来一辈子要做什么呢？或者一个 19 岁的小毛孩儿？

你唯一能做出的决定是你现在在想什么，你需要准备好不断修改自己的决定。

让我说得更明白一些。我不是在试图说服你们都成为音乐家或者作家。成为医生、律师、科学家、工程师或者经济学家，这些都没有什么不好，这些都是可靠的、可敬的选择。

我想说的是你需要思考，认真地思考。我请求你们做的，是根据正确的理由做出你的选择。我在敦促你们的，是认识到你的道德自由并热情拥抱它。

05 不要过分谨慎

最重要的是，不要过分谨慎。

去抵抗我们社会给予了过高奖赏的那些卑怯的价值观的诱惑：舒服、方便、安全、可预测的、可控制的。这些，同样是罗网。最重要的是，去抵抗失败的恐惧感。

是的，你会犯错误。可那是你的错误，不是别人的。你将从错误中缓过来，而且，正是因为这些错误，你更好地认识你自己。由此，你会成为更完整和强大的人。

人们常说你们年轻人属于"后情感"一代，我想我未必赞同这个说法，但这个说法值得严肃对待。你们更愿意规避混乱、动荡和强烈的感情，但我想说，不要回避挑战自我，不要否认欲望和好奇心、怀疑和不满、快乐和阴郁，它们可能改变你预设的人生轨迹。

大学刚开始，成年时代也才刚开始。打开自己，直面各种可能吧。这个世界的深广远超你现在的想象。这意味着，你自身的深广也远超你现在的想象。

大学中最重要的，就是学会和不同的人打交道

❋ 林特特

有年轻的朋友问我："上大学，最重要的事是什么？"

我立马回顾了我的大学生活。不瞒你说，大学时除了学习，最困扰我也最让我受益终身的，是学会和不同的人打交道。

上大学前，我一直走读，和同学之间的联系没有那么紧密。彼时的我如一张白纸，衡量人的标准极其简单——成绩好坏以及能不能玩到一起。我和同学的家庭住址相近，父母收入差不多，目标完全一致，都是高考考出好成绩。而上大学后，因为大家来自不同的地域，且同学间的接触更为密切，我忽然发现，人和人太不一样了。

有的人家境优越，对钱没什么概念；有的人生活贫困，每顿饭只能打半勺菜。有的人特别豪放，不拘小节，遵从的人生哲学是今朝有酒今朝醉；有的人谨小慎微，规行矩步。有的人有规划，大学几年要考哪些证，毕业后是继续深造还是去工作，过什么样的日子，心里就像明镜似的；有的人毫无规划，一旦上了大学，脱离了父母的管制和分数的压力，就终日打游戏，很少出现在课堂上……

我在大学谈过恋爱，也有关系很好的朋友。可以说，我因为人际关系得到了很多快乐，也获得了很多痛苦。大学中最重要的，除了学习，在我看来，是学会和不同的人打交道，别被无效社交偷走时间和精力。

我的建议如下：

1. 找个真实的、可以模仿的偶像

你的人生目标是什么？你想成为什么样的人？如果没想清楚，你可以去找一个偶像。这个偶像可以是你的老师、学长，可以是在你的专业领域有所成就的人。如果你认为几年后变成他这样就满足了，那就可以将这个人定为你的偶像。有这样一个具体的偶像和目标，你可以研究他的成长路线，将其作为你的参考，或者你就按这个路线往前走，让你未来的方向明确一些。

偶像的成长路线从哪里找？未必要认识他或她，你可以了解他们的履历甚至他们在图书馆的借阅记录，曾经选过哪些课，在哪些刊物发表过文章，去哪些单位实习过等信息，然后按图索骥，作为参考。

2. 始终和你的同类在一起

在大学，一开始最明显的"同"是地域，有各种老乡会和各知名高中的校友会，它们有可能成为你在新环境破冰的切口、根基。

除此之外，志趣相投是更进一层的"同"。线上、线下的社团是大学中的好去处，将有相同爱好的人聚集在一起。我至今怀念在大学网络论坛上连载小说，让众人阅读并催更的那段时光。我日后之所以能从事文学工作，是因为最初那群校友读者给我的自信，而诗社、文学社的定期聚会更成了我心中的美好记忆。

上大学后，你会发现高手很多，很多之前你只是喜欢的项目，在社团中已经有人很专业了。你去找他们切磋，向他们学习，和他们成为朋友，成为共同探索一件趣事的同路人。有很多人把热爱变成工作，也许他们当中就有你未来的同行。

我们每个人都有成为更好的自己的诉求。你最珍惜的、认为自己身上最优秀的特质，或者你想成为的人拥有的特质，就是你最深层次的"类"，也会是你在选择朋友时重要的标准。

一位知名作家曾说过，川端康成是他第一位真正的老师。有记者说："在您的作品中并没有川端康成的影子。"该作家回答："树木沐浴阳光，不是成为阳光，而是成为更好的自己。"

找到你最重视的那部分自我和特质，然后花时间去找在这些方面和你相像或比你做得更好的人。我的心得是，如果一个人在某方面比我强，这种强又是我珍视并想拥有的，能对话、能交流、能

学习，最好；如果不能，在他身边待着，默默受他的影响也好——不是追星，我视其为输入方式。

3. 和处于同样阶段的人在一起

我人生的几个阶段，尤其是比较特殊的阶段，都是和处于同样阶段的人在一起才熬过去的。并不是说那个阶段有多惨，而是我们在第一次经历重大事件时会产生生理和心理的变化，若不沟通、不交流、不排解、不互相借鉴，全靠自己是很艰难的。

在面临考研或各种职业、专业的考试时，可以通过学习打卡、交换笔记、考前押题、课后讨论等方式提升你的学习效率。如果没有处于同样阶段的同学相伴，你会感到时间漫长、孤独且艰难。这时，你就需要找到同类，一起出发，一起奔跑。

4. 固定的事和固定的朋友去做

三毛曾在一本随笔中写过，朋友是必须分类的——例如图书，一架一架混不得。过分混杂，匆忙中急着去找，往往会找错类别。

为什么固定的事要和固定的朋友去做？因为这既节省时间，又节省力气。其实经过一段时间的磨合和摸索，你应该非常清楚，身边的朋友谁和你有共同的兴趣，

能聊到一起。

设想一下，如果你和一个不爱冒险刺激的人去游乐园，你拉着他去玩过山车，你大喊大叫，直呼过瘾，而他两腿发软，面色苍白。你还想玩更激烈的，他要不要陪你呢？这种情况既扫兴，又伤感情。

5. 允许别人和你不同

那个与你口音不一样、生活习惯不一样的同学，只是和你来自不同的地方。

那个每天不学习，考试却能考满分的学霸，他不是故意让你自卑的，而是因为天资有差别，你也有他没有的长处，不必气馁。

那个穷得只有两身换洗衣服的同学，未来可能大展宏图，向他提供一点儿帮助，他会感恩一辈子；同样，那个每个月拥有很多生活费的室友，人品未必不好，不耽误你和他保持君子之交。

要承认人与人的不同，做好自己，"不羡慕、不嫉妒、不欺侮"是你内核稳定的标志。

大学期间，你会和不同的人打交道，懂得远离浪费你的时间、负能量爆棚的人，朝着偶像的方向前行，和同类相处和谐，会让人心情舒畅、受益良多。你也将度过一段完美的大学时光。

祝你拥有好的同学、师长和偶像！祝你成为更好的你！

早上醒来在微博看到一个热搜话题：女生挂5米横幅，庆祝自己恢复单身。

点进那条微博看，发现事情是这样的：

河南信阳师范学院的一个女生失恋了，她很难过，在宿舍里整宿整宿地哭，但是她也不喜欢自己的这种状态，想任性一下，让自己开心一下，于是做了一个5米的横幅挂在宿舍楼，也当是一个仪式感，告别过去，重新开始新生活。

微博视频里，这位大学生也说，自从横幅挂出去之后，很多男生加她qq，但是她都没通过，想等自己平静之后再看看，近段时间对感情也没抱多大信心。

在这个热搜话题下，网友们的评论也很激烈。有网友说"这是变相求偶，现在全微博人都知道她失恋了"，也有网友说"现在大学生真会玩，脑袋里全都是些情情爱爱"，还有网友说"估计这是给她前任看的，用这种假装洒脱的方式，刷存在感"，当然也有人说这种行为很酷，有人说失恋真的很难过。

来说说我的感受。在我看到这条微博后，我第一个想到的就是我表弟，一个成天为情所困的大学生。他经常凌晨一两点给我发消息，讲自己没追到喜欢的姑娘，心里多难过，会经常跟我诉苦说，一宿一宿地睡不着，连打游戏的心情都没有。

当然，年轻大学生们有个喜欢的男生女生，为情所困一下很正常，偶尔失恋一场，或者被人拒绝一次也很正常。毕竟我像你们这么大的时候，矫情非主流的事儿没少干，空间微博也经常发些矫情得要命的心情动态，也觉得不跟喜欢的人谈场恋爱，好像蓝蓝的天空、粉红的樱花、欢快的鸟儿，乃至年轻充满希望的青春都没有意义了。

这些情绪是这个年纪所特有的，无可指责，但我想说的是：20来岁美好的年纪，除了为情所困，还有很多值得做的事。

我表弟问过我一个问题：他们都说，大学不谈场恋

大学一场
恋爱没谈
是不是很
遗　憾？

❀ 文长长

爱,就算荒废了,姐你说大学一场恋爱不谈,是不是很遗憾?

我现在就来回答这个问题:如若能谈恋爱,当然很好,但也不必刻意勉强。大学一场恋爱不谈也没什么遗憾的,因为大学生活很丰富多彩,遗憾的事很多,有意义的事也很多。

并且以下这些事情不做,你也会遗憾:

真正地参加过一个社团

我看过一部电影《再见路星河》,讲的就是大学生为了音乐梦想,不顾艰难险阻,坚持一起组社团的故事。

这只是一部很普通的大学生活电影,但在看这部电影的时候,我脑海中一直浮现的是,我读大学的时候,学校组织的一个零点乐队。当时那个乐队真的很火,学院还特地批了一间教室给他们玩音乐。

傍晚时候,乐队的几个人一起在操场打着架子鼓,弹着吉他,很帅地在那儿唱歌,周围聚集一堆观看的女生。

每年学校的元旦晚会,和各种大型的社团节目,都少不了他们,而每次他们上台,底下的女生都尖叫呐喊,那阵仗绝不输演唱会的明星们,他们是校园明星。

他们大四毕业的那个六月,在学校开了一场小型的告别演唱会,可能毕业后大家都要各奔东西,再也难在一起唱歌,可能不舍学校,可能就是不舍青春,但真的很酷。当时我没去看(其实也是挤不进去),但路过看了一下,底下坐满了观众,其场景的热血丝毫不逊色《再见路星河》中,路星河他们演唱时的气氛。

说实话,看完这个电影我的共鸣不是特别大,倘若三年前的我来看,可能会说"追求音乐梦想,这只是少部分人的大学青春"。但现在离开校园生活的我再来看这种不共鸣,想起零点乐队,内心只有一种遗憾:很多关于大学的电影,都是讲社团的,但我的大学却没有拿得出手的社团经历,真遗憾。

我想零点乐队的人看这种电影肯定会有共鸣,能在大学里真正玩转一个社团,为做好这件事去努力,才是最酷的。

认真学习过吗?

这里的认真学习比较泛,主要是:拿过奖学金吗?保了研吗?参加过创业项目吗?在图书馆认真看过几本书吗?去蹭过隔壁班你喜欢的课吗?一科都没挂过吗?

大学里没谈恋爱,或者是谈过恋爱失败了很遗憾,但如果以上这几件事,你不完成几件也真的很遗憾。

可能很多人都不屑于学习,或者他们会告诉你,大学不需要学习,大学玩就行了,考试前突击两周,保证不挂科就行了,还在学习的大学生都是书呆子。但我想说的是,在大学不学习的人,你们也不算多么聪明!

以上我所说的,除了保研,我都做过,所以现如今,我也会为我当初没选择继续读书而遗憾。

我拿过奖学金,虽然只是个二等;我参加过创业项目,虽然最后没得奖;我整个大学最常去的地方就是图书馆,甚至毕业后很久,我最怀念的也还是学校图书馆二楼的杂志阅览室。

我没挂过科，当时总听隔壁班说他们外教老师好玩，我跑去隔壁班上了半学期的外教课。每周四第一节我们没课，我刺溜溜地跑去隔壁班上课。

后来到了大三，我找到了自己热爱的事，出了自己的第一本书。所以现在回想起我的大学生活，除了很遗憾没考研，整体上我还算蛮满意的。

所以我想说的是，大学生活丰富多彩的地方很多，有趣、值得你花费精力的地方也很多，一场失恋不算什么，除了恋爱，值得你去体验的地方还很多。

有过几个真正的好朋友

我始终觉得，一个人想生活得充实，还得有朋友。

我有个大学室友，因为有男朋友，基本不参加我们的集体活动。我们一起去欢乐谷玩，她说要跟男友一起去，我们一起去看某评价很高的电影，她说要跟男友去看。甚至大学最后一顿饭，她心不甘情不愿地跟我们去了，其实我们都看出来了，她是觉得还不如把这个钱留着跟男友吃饭。后来吃完饭我们一起去唱歌，她果断拒绝了，一个人回到宿舍，最后我们几个人去了。

当然，她有能当成家人的男友，我们能够理解，也很祝福她，但我敢说，她以后一定会遗憾，她的大学全部生活，都给了恋爱。

我大学几个印象深刻的瞬间，都是跟朋友一起度过的。

大一的时候，部门聚餐，一个人50块，在学校门口的餐馆吃饭玩得可开心，一起划拳，玩真心话大冒险，说着自己对未来的期望。几年之后，我不记得当时我们吃了什么，但是我清楚地记得我们当时玩的那个"动物园"游戏，还有十八岁少男少女脸上的笑容。

大二的时候，突发奇想去上外教课，跑到好朋友班上跟他一起上课，假装我是他们班的学生，跟他们一起做小组活动，一起"瓜分"得奖后外教奖励的零食大礼包。虽然我是个蹭课的人，但他们全程没有嫌弃过我，或者排斥过我，也把我当朋友。

大三的时候，跟朋友一起去神农架滑雪，导游说看到了野人拍了照奖励100万，虽然我们没有拿到100万，摔得也很惨，还差点把手机搞丢了，但我们五个人一起游荡在到处卖滑雪用品和纪念品的街上，试图在这种小镇找到一家好吃的饭馆，真的是这辈子都很难忘的记忆。

大四的时候，每天跟宿舍的室友们疯疯癫癫，一起吃饭撸串，一起在宿舍煮火锅，一起去逛街看电影，一起去很多地方玩，一起夜游欢乐谷，当时过了门禁时间五分钟，还求宿管阿姨开门。

说实话，大四那年，该干的正经事没干几件，但是能跟她们一起在最后一年"荒废"青春，我觉得很值得。

说这么多，我想表达的也只是，诚然谈恋爱很美好，但其实如果大学不谈恋爱也没什么好遗憾的，因为以上几件事不做，等你大学结束了也一样会遗憾。

最后，我想说的是：在大学，你可以谈恋爱，但千万别只为了谈恋爱而去读大学。

因为，还有很多事值得你去做啊。

当你觉得，你的大学配不上你

❀ 卷毛维安

一、

"我的大学配不上我。"这是我收到的一条读者留言。

这个读者在一所普通大学读大三，准备考研，想必是一个努力上进的人，却无端地遭到周围人的不认同和不理解，只觉得她是妄想。

但我其实挺佩服这个女孩：能够看到自己的潜力，并且努力获得突破平台的可能性，是非常难得的。

刚上大一时，我发过一条说说："忽然发现介绍自己时的身份前缀不同了，不过没关系，希望有一天我说我是谁时，可以不要任何前缀也能很响亮。光环是光环，我是我。"

我的高中是本地一所声誉极佳的学校，相比起来，我的大学则显得有点平平无奇。如今看来，过去的我对于学校 title（标签）的执念挺深的，而且刚上大学时很自卑，因为高考没考好，我自觉在一堆考上名校的高中同学面前抬不起头，连说话都有些小心翼翼的。

要说完全不羡慕他们是假的，但如今，我的心态也确实在逐渐转变。曾经，我会觉得：我们同在一个地方工作或学习，你是知名学校毕业的，而我是某某学校的。现在会用另一种思路：你是知名学校毕业的，我是某某学校的学生，但此刻，我们在同一个平台工作或学习。

很难说得清你经历过什么、我经历过什么，但结果是，我们在同一个地方遇见了。

英雄不问来路，就算来路平平，未尝做不成英雄。

二.

有人说，名校和非名校带来的福利差距，只有到毕业后才知道。

对此，我的一个Top5学校的朋友打了个接地气的比喻："进入不同的学校，就像去不同的地方买咖啡，每个人口袋里的钱（分数）不一样，买到的产品（大学）也不一样。虽然大家喝的都是咖啡，但原料不同、制作方法不同，口感和品质自然也不同。而且环境不同：在咖啡店里，大部分都是抱着电脑赶策划、赶论文、赶稿子的脑力工作者或者谈创意、谈生意的创业者，但在超市，不仅没有地方坐，你前后排队付款的人可能只是赶着上班的普通工薪族。"

重要的不是坐着喝、走着喝的区别，而是这杯咖啡的质量如何、背后有没有文化内涵，更重要的是，谁和你一起喝？你们谈论的话题是什么？

作为一个典型的非名校出身的普通年轻人，我最直观的感受是：普通大学的教育资源其实并没有我们想的那么不好，真正让我们和所谓精英们拉开距离的关键，在于学生们的心气和趣味不同，对于同一件事情的看法和行动不同。

非名校出身的年轻人失去了一条精神

上的康庄大道，他们必须时刻自我说服和自我激励，甚至需要反抗周围的一些人，在"独木桥"上战战兢兢。

所以，与其说非名校生失去的是眼界和资源，不如说他们失去的是群体之间的相互激励和彼此共鸣，他们得到更多的是质疑，甚至是贬低。而那些名校出身的年轻人，他们像是彼此之间的海浪，也像相互激励的助推器。

很多人常常提到波伏娃《第二性》里著名的段落——"男人的极大幸运在于，他不论在成年还是在小时候，必须踏上一条极为艰苦的道路，不过这是一条可靠的道路；女人的不幸则在于被几乎不可抗拒的诱惑包围着：她不被要求奋发向上，只被鼓励滑下去到达极乐，当她发觉自己被海市蜃楼愚弄时，已经为时太晚，她的力量在失败的冒险中已被耗尽。"

这样的比喻或许不太恰当，但我觉得其实困境是类似的，正如我最开始提到的那句话："我的学校配不上我。"

那个女孩周围的人不仅不鼓励她前进，反而用一种看待异类的眼光打量她。她的上进或许不仅要让她付出更多的力气，还会让她面对无人为伍的孤寂。

三.

曾经，我和一位知名记者吃饭，席间，

他提到了弗里德曼《世界是平的》这本书，作者认为"互联网让信息更通畅，世界像是被抹平般天下大同"，可坐在对面的老师笑道："现在，弗里德曼可能会觉得被打脸了。"

的确，从某种意义上来说，互联网并没有缩小人与人之间的距离，反而硬生生地划出了一条结实的鸿沟——不同的人对待互联网的态度不同，高度也就不同。

非名校出身的年轻人，或许可以在这个互联网时代，看到那些接受着更高质量教育的同龄人的模样和生活，但可惜的是，他们只看到一个结果，只了解"包装"过后的对方，却没有机会参与对方的生活和一路走来的过程。这样导致的结果就是，大部分的年轻人没有得到激励，只得到焦虑。

不是走不出去，也不是看不到更远的地方，只是被周围的人群困住了，若不自己找出口，只会一直待在原地，在乌泱泱的人群中继续焦虑。

四.

不是每个人都能像那个女孩一样，说出"我的大学配不上我"这样的话。但我相信，她做出的这个决定，意味着她将走上一条更加辛苦和孤独的路。最后的结果不一定是拥有某个 title 或者名校的光环

加持，而是她不会再害怕这样名义上的落差，并且可以心安理得地自由学习、思辨，以及自我完善。

非名校的学生中，肯定存在着那些对自己有更高要求的、不愿意被平台限制的个体，希望你们不要放弃，坚定自己的想法，走出去，走出去，走出去。

综艺节目《圆桌派》里，张立宪老师说过一句话："有的人生活在一线城市，但他是个三线的人；有的人生活在三线城市，他有可能是一线的人。"

其实，是否出身名校并不能判断一个人的三六九等，名校只是可以帮助个人更容易地成就自己。如果觉得自己的 title 不足以支撑自己的野心，那就更加努力地去向更高层次、更多元的世界和同龄人看齐，你可以去寻找更多和你有相同梦想和野心的人，和他们为伍，一起创造。

非名校出身的年轻人失去了什么？我想，他们或许曾经失去或差点失去自己真正的人生欲望，差点被大流浇灭自己的野心火焰。

但这些都不是问题，因为很多东西是可以被弥补和改善的，只要你有突破的决心和意志，保持清醒，保持上进。

尼采说："在自己身上克服这个时代。"同理，你可以在自己身上克服所有的标签和阻碍，用实力为自己冠名。

大学里学到的这10件事，使我成为现在的自己

✽ 冯 唐

我受协和邀请，去协和医大近百年历史的小礼堂，给小我二十岁的师弟师妹讲协和传统。我使劲儿想，协和八年大学教育，我学到了什么。我觉得我在协和学到了十件东西。

第一，系统的关于天、地、人的知识。

在北大上医学预科，学了六门化学，和北大生物系生物化学专业学得一样多。学了两门动物学，无脊椎动物学和有脊椎动物学，第一次知道了鲍鱼的学名叫作石决明，石头的石，决断的决，明快的明。学了一门被子植物学。还学了各种和医学似乎毫不相关的东西，包括微积分。在中国医学科学院基础所学基础医学，当时学了大体解剖、神经解剖、病理、药理等，从大体到组织到基因，从宏观到微观都过了一遍。在协和医院学临床，内、外、妇、

儿、神都过了一遍。

去北大之前，我们还去了信阳陆军学院军训一年。当时学了如何带领一个十人左右的班级、如何攻占一个山头、如何利用一个墙角射击、如何使用三种枪支等。

现在回想起军训、北大、基础、临床，我常常问一个问题：学这些东西有什么用啊？

第一点用途，在大尺度上了解人类，了解我们人类并不孤单，其实我们跟鱼、植物甚至草履虫有很多相近的地方，人或如草木，人可以甚至应该偶尔禽兽。

第二点用途，所有学过的知识，哪怕基本都忘了，如果需要，我们知道去哪里找。因为我们学过，我们知道这些知识存在，我们不容易狭隘，不狭隘往往意味着不愚蠢。

第三点用途，是知道不一定所有东西

都需要有用。比如当时学"植物"，我还记得汪劲武教授带着我们上蹿下跳，在燕园里面看所有的植物物种，后来我读过一句诗，"在一个春天的早上，第一件美好的事是，一朵小花告诉我它的名字"。

第二，知之为知之、不知为不知的求真务实的态度。

首先，要承认自己的无知和无能。学西医内科的时候，老师反复强调，80%的病不用管它，自然会好。这反而映衬了我们对很多疾病并不彻底知道成因，并不确定什么治疗方法有效。

其次，面对这么多的未知，我们还是要给病人相对笃定的建议。我们要给病人列出几个可选方案，要跟病人讲清楚不同方案的优劣，要给出我们推荐的优选方案。

再次，不作假。不能说假话，不能做假数据。我一直坚信，如果没有真的存在，所谓善只能是伪善，所谓美也只能是妄美。我记得协和教过这句话，说哪怕再难听的真话，也比假话强。

最后，要有天然的谦虚。因为你不知道、你做不到的太多了，你要永远保持谦和。导师郎景和讲过一个故事，有位妇科大夫曾对他说："郎大夫，我做过很多妇科手术，我从来没有下不来台，没有一个病人死在我的手术台上。"郎大夫停了停，说："尽管有些残忍，我还是要告诉你人生的真相。人生的真相是，你手术做得还不

够多。"

第三，以苦为乐的精神。

学医很苦，有位协和老教授说，原来的协和校训是"吃得苦中苦，方为人上人"。后来校训只剩前半句，"吃得苦中苦"。我做医学生的时候，那些大我三四十岁的老教授，早上七点之前，穿戴整齐站在病房里查房，我再贪酒、再好睡，都不好意思七点之后才到。20世纪90年代，协和门诊夏天没空调，教授们也是西装、领带、衬衫，从早上八点到下午三点，不吃饭，几乎不上厕所、不喝水，汗从脖子上流下来，流进衬衫里。当时的协和不熄灯，教室在七、八楼，住宿在六楼，食堂在地下室，晚饭四点半开，我从五点多开始看书，一直到深夜。从那时候起到四十多岁的现在，我没有在晚上十二点之前睡过。

第四，快速学习一切陌生学科的能力。

最开始学神经解剖的时候，协和内科主任以过来人的身份去给我们鼓劲儿，我问，颅底十个大孔，您还记得哪个是哪个吗？哪个都有哪根神经、哪根血管穿过吗？我估计当时那个内科主任心里非常恨我。他当时的回答是：我虽然忘记了一切，但是我学习过，我清楚地知道怎么学习。

第五，热爱实操。

实操就是落实到底，把事儿办了。什么是临床？协和老教授讲，临床就是要临、床，就是医生要走到病人床边去，视、触、叩、

听。书本永远是起点而已，永远难免苍白无力；一手资料永远、远远大于二手资料。

第六，追求第一。

协和在东单三条方圆几十亩地，每年几十个毕业生，最初的两百多床位，至今的近百年历史，就是一部中国现代医学史。没有协和，就没有中国现代医学。如果问协和门口的病人：为什么非要来协和？病人常常会说：来协和就死心了。病人和死亡之间，协和是最后一关和唯一一关，所以这一关必须是最好的、最牢固的。这是荣耀，也是责任和压力。

第七，项目管理。

所谓项目管理，就是在有限的时间、人力、物力下，把事情做成。协和八年，尽管功课很忙，又忍不住看小说，我还是做了北大生物系的学生会副主席和协和的学生会主席。寒暑假基本没闲着，看小说之外，都用来完成一个个"项目"。比如，在北大的第一个暑假，同四个同学一起，和植物学汪劲武教授去四川和甘肃，寻找一种非常少见的山竹。我完全忘了那种山竹的重要性在哪儿，似乎找到之后可以改写被子植物史或者呼唤神龙。我记得的是，师徒五人，漫游二十天，每天住旅店，每顿有荤有素，最后在有限的预算之内，找到了那种山竹。

第八，与人相处，与人分利。

当时的协和，一间宿舍，十平方米，放三张上下铺的床，住六个人。当时的协和，一届一个班，一个班三十人，一个班只有一个班花。这种环境，教给我如何在资源有限的情况下与人相处，与人分利。

第九，抓紧时间恋爱。

大学期间，二十多岁，你会觉得时间永远静止，人永远不老。但是，这是幻觉。这段时间过得再慢，也会过去。男生小腹再平坦，也会渐渐隆起或者松弛，女生面庞再粉白细嫩，也会渐渐残败。协和往西不远，有东华门、筒子河、角楼、午门，傍晚牵了手走走，很好的清风朗月。协和往西不远，有三联书店可以乱翻书；往北不远，有中国书店可以乱翻书。

第十，人都是要死的。

协和八年，集中见了生老病死，深刻意识到：人终有一死。这似乎是句废话，但是，很少人在盛年认识到这点，更少人能够基于这个认识构建自己的世界观、人生观和价值观。因为人是要死的，所以，一个人能支配的有效时间非常有限，所以，要非常珍惜，每一餐、每一天都不要浪费给无聊的人或事。因为人是要死的，所以，人不要买自己用不上的房子，不必挣自己花不了的钱。像协和很多老教授一样，早上在医院食堂吃碗馄饨，上午救救人，下午泡泡图书馆，也很好，甚至更好。

因为人是要死的，所以要常常念叨冯唐说的九字箴言：不着急，不害怕，不要脸。

关于人文学科，我们的选择没有错

✽ 王安忆

——复旦大学中文学科 2024 届学生毕业典礼上的致辞

同学们：

大家下午好！

你们即将离开学校，进入社会，我虽一心想鼓励你们，心里想到的却是一些让人丧气的话。比如扑面而来的是一场科学大爆炸，21 世纪样样事情加紧节奏，文科却是按部就班，无法跳过每个阶段。虽然电子技术产出数倍，但还是要识字、阅读以及了解阅读内容的背景，就是历史、地理和人文，更重要的是研究思想的推进方式。科学针对客观时空，而文科却是主观的；科学将存在抽象化，我们的兴趣则在具象；科学追寻必然规律，我们则相信偶然性。似乎我们将涉入的世界完全不是为与语言文字相关的专业准备的，我们的学习、研究、思考迎头就是颠覆。

我暂且将这个新世界称作 AI，因为人们都在谈论 AI，AI 代表革命进步，它曾经属于未来世界。有趣的是，未来世界原来是文学艺术的果实，如今成为现实，又反过来向人文学科叫板，言称要取代我们。这像中国寓言里猫和老虎的师徒关系。那么多不可想象的事情变成真实，我们有什么理由不相信这一桩呢？问题在于 AI 能使人更加靠近幸福还是远离幸福，学习的乐趣、想象的乐趣、思辨地克服困难的乐趣、未知向已知进取的乐趣，是否作为代价向 AI 换取了劳动时间？

幸福是个古典的命题，民间传说的结局往往是"从此他们过着幸福的生活"。习以为常，我们渐渐忘记幸福的终极问题。还因为后现代的解构主义，它将一切价值都拆分，最后把自己也拆分了。就像 AI，具备自我学

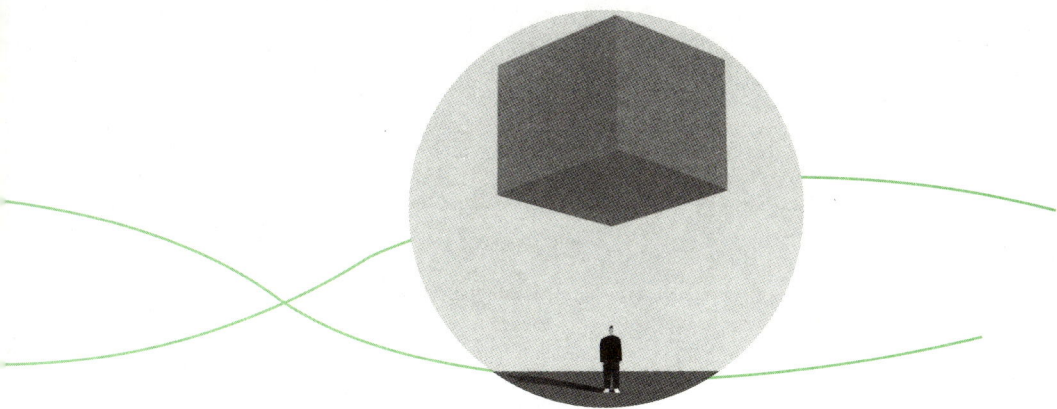

习的能力，终将把自己也解构了。在此，艺术又一次引领现实，当幸福的目的模糊了，我们是否还能创造另一个目的？说到这里，又有一个问题产生了。在不知不觉中，我们开始建设第二手的生活，不是对自然本能的推动，而是后天的人工的需求。暂且不论可能还是不可能，从理论上说是好还是不好，那么就涉及标准——以什么来判定呢？人类的本性吗？AI一统天下，人变得可疑，又何谈本性。古典的价值变得危险，现在的呢？则是茫然。

然而就当我一味气馁，说出这许多不争气的话时，忽然发现我其实就在从事人文的工作、文学和艺术的工作，就在假设的前提下使用文字语言的工具推论。在电影《奥本海默》中，我注意到一句话。在描绘量子力学时，

奥本海默说道："我们的身体基本上是虚空的，由能量波绑合而成。"什么是能量波？奥本海默接着说道："巨大的吸引力，大到足以使我们相信物质是固体的。"你们发现了吗？奥本海默在使用语言和修辞。我的意思不是说语言文学只剩下解释科学的功能，我甚至不能确定这世界是先有语言再有事实，还是先有事实再有语言。我只是企图让诸位想象一下，没有语言的世界是多么沉寂和无味，在沉闷中能产生怎样的幸福感？那么，我们就要讨论什么是幸福。事情兜兜转转，又回到起点。在这瞬息万变的新世纪，又仿佛有一种不变，这不变应该是我们人文科学的核心。所以我们的选择没有错，走下去也不会有错。

感谢大家。

承认自卑，

成为那个勇敢的大人

✽ 陶瓷兔子

一个大二的小姑娘发来很长的私信，说自己很迷茫。她的目标是清北的研究生，从入学开始就没缺过一堂课，哪怕是"马哲毛邓"这种选修课也都认认真真去听，业余时间也都泡在图书馆学习，哪怕只是课后作业也付出 100% 的心力。

而她的舍友恰恰相反，作业全靠抄，大班课直到快结束的时候才姗姗来迟，一下课就很热络地上前去跟老师讨论问题，反倒比她这个节节不落的人跟老师混得更熟。大学考试嘛，期末分数当然算数，但平时的考勤和作业占比也不少。由于后两者又非常依赖印象分，她苦学一年下来，一张张满分试卷换来的 GPA（平均学分绩点）也不过才比舍友高出一个百分点。

大一就如此，今年更是非常难熬。靠着"巴结老师"，她舍友早早就拿到了一个省级比赛的推荐名额。反倒是分数更高的她，因为没进入年级前十而与比赛无缘。

这就是现实吗？她问我。

就凭她家有钱，就凭她会拍马屁，就凭她跟老师关系好，我付出这么多的努力就什么也不算了吗？

这些话其实并不像是求助，而更像是发泄和寻求同感的吐槽，我大概猜得到她想从我这里得到的回答——

你走自己的路，所有的努力最后都有回报；你的福报在后面，上天不会亏待用功的人；别跟别人比，学到知识才是最好的收获。

但我不想这样敷衍，相反，我希望她可以勇敢一点，勇敢地承认自己在舍友面前，那种带着隐约敌意的、无

处排解又无处安放的自卑。

我并不认识她和她的舍友，但从待人处事上的通达程度来看，舍友的家庭背景、经济水平和周围的资源应该都远远高于这个小姑娘——只有生长在普通家庭，不太熟悉现实世界的运行法则，没有什么外力可以倚仗，也没尝过"借力"甜头的人，才会非常要强，把"靠自己"看作努力的全部。

"靠自己"的心态本身并没有错，可人一旦陷入要靠"靠自己"来代偿自卑的漩涡，就很容易变得狭隘又偏执。承认自己不如人是一件很艰难的事，尤其是当对比的双方站在一个看似同样的起跑线——大学的时候，这种隐约的自卑就很容易被要强激化，转而变成一种虚妄的自尊。

她不就是靠长得好看，她不就是会来事儿，她不就是靠家里有钱，她不就是靠男朋友，有什么了不起？

看似是咄咄逼人的攻击吧，可这些话哪一句不是在说"看看我，我什么都没有，我只能靠自己的努力，我走到这一步多不容易"呢？

这种自我维护太艰难，太委屈，太低效，所以很容易演化为对他人的敌意。

这种敌意无法被任何安慰和成就抹平，哪怕自己已经取得了很好的成绩也要耿耿于怀——我是靠努力，那她呢，她们呢，她们又凭什么呢？

其实答案很简单，人家凭的就是你没有的东西。家世也好，相貌也好，资源也好，人生的赛道又不是独木桥，从来也没有谁规定成功只取决于个人努力。早点认清自己没有的东西，勇敢地接受这个现实其实是件好事。它至少能让一个人用平常心去看待另一个人，而不是总怀着恶意与敌意。

每个人起手都有自己的一副牌，你凭努力她凭智计，不过只是牌面的不同，不必非得争个是非对错。谁也打不了别人的牌，但至少，当别人出牌时，你作为旁观者可以学习而不是排斥与鄙夷。

如何说话、如何做事、如何跟人建立联系，都是很难得的学问。能够近距离观摩高手出招是很难得的机会，这武器你现在还不会用，但不意味着一生都没有使用它的机会。

不知自己不如人，耻于自己不如人，知自己不如人而不耻，在不如人外能胜人，说白了也不过就是这样一局不断进阶的无限游戏。

不要听信"躺平"的鬼话

✱ 杨泽波

——复旦大学哲学学院 2021
届毕业典礼上的致辞

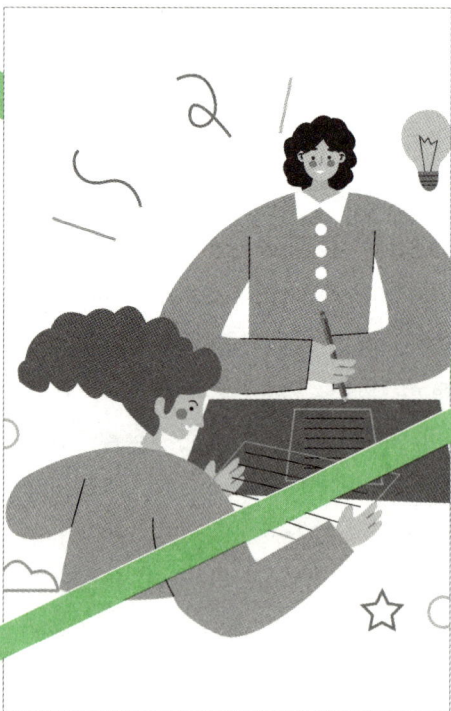

同学们毕业了，希望大家从离开校门的那一刻起，就时时提醒自己，不要听信躺平那些鬼话。社会发展太快了，"佛系"这个词还没有红够，"丧系"这个词刚刚露头，就都被"躺平"抢去了风头。这个用语能够流行起来，自然有社会的原因。

但如果真的躺平，那就大错特错了。中国文化的精神是"君子自强不息"，不是躺平。真正的英雄，是在夜深人静时，把受损的心掏出来，缝缝补补再塞进去，眯上一阵儿，醒过来再拼命苦干的人。你有一千个、一万个理由躺平，也有一千零一个、一万零一个理由不躺平。

躺平说穿了，不过是为自己原本已经堕落的心灵，寻找一个冠冕堂皇聊以自慰的理由罢了。事实上，躺平也没有想象的那样舒服。真的躺平了，你很快就会发现，这是极其无聊，甚至令人厌恶的，到七老八十在床上不能动弹的时候，一定会打心眼儿里狠狠骂上一句："当初脑子一定被驴踢了，不然老子为什么会上这帮龟孙子的当。"

另外，也不要拒斥社会对你的道德要求。要讲明这个道理并不容易。

不知从什么时候起，"反对道德绑架"成了当今最为流行的术语。一个人应当做某事而没有做，他人对其提出批评的时候，他会以这种说法为自己申辩：

"不要用道德绑架我，本大爷要放飞自我，追求本真的我，不吃你那一套。"社会对一个人提出道德要求，对还是不对？根据儒家学理，人有善性，做道德的事不是出于情分，而是出于本分，道德原本就是自己的要求。

黑格尔讲过，当法院判一个人有罪，别人都为其可惜的时候，只有哲学家明白，这是法官对他的尊重，因为法官是把他当作有理性的人看待的。在这个问题上现在出现极大的混乱与存在主义不无关系。存在主义强调本质是自己选择的，在选择之前没有本质，即所谓"存在先于本质"。

但恕我直言，存在主义哲学家慧根有限，并不真正了解人性，正确的说法不应是"存在先于本质"，而应该也必须是"本质先于存在"。作为哲学学院，尤其是排名如此之高的复旦哲学学院的学生，理应明白这个道理。

果真如此，当社会对你提出道德要求的时候（正常情况下这种要求都有合理性，不会过分），你就不会拒斥，反而会心中暗喜："天啊，人家是把我当作正常人来看待的呀。"

第三，特别需要注意的是，不要轻忽自己以及他人的生命。

据我观察，好的大学应具有两个重要特点：第一，允许学生犯错误；第二，能够包容一批怪人。如前面所说，任何社会的任何一个时段，都会存在问题，但这并不构成轻忽自己生命的理由。人的一生总要遇到不顺心的事，孔子临终也要叹口气，何况我们呢。天是这样蓝，花是这样香，微风是这么和煦，家园是这样温馨，生命没有了，一切可能也就没有了。

上面就是我说的三不：不要听信躺平的鬼话，不要拒斥社会提出的道德要求，不要轻忽自己以及他人的生命。

之前我在给本科生讲"先秦诸子"的时候说过，每一代人有每一代人的信念。我们那个年代特别流行《钢铁是怎样炼成的》中的一段话："人的一生应该这样度过：当他回首往事的时候，不会因虚度年华而悔恨，也不会因碌碌无为而羞愧；在临终的时候能够说：我的整个生命和全部精力，都已献给世界上最壮丽的事业——为人类的解放而斗争。"

这段话今天很少有人讲了，我把它引出来，是想照这样的句式，表达自己对人生的一个态度，与同学们共勉。在我看来，人生应该这样度过：他永远不泯灭向上进取之心，永远不放弃道德的理想，这样在来日无多回首往事的时候，就可以自豪地说：我一生犯过不少错误，也有过诸多遗憾，但已经尽了最大的努力，无愧来到这个世界上，我度过了多么幸福美好而有意义的一生啊。

谢谢大家。

积极适应是大学生活的第一课

❋ 彭凯平

——清华大学社会科学学院 2023 级开学典礼上的致辞

新生报到时，有同学问了我两个问题。

第一个问题是："来到大学后，同学们遇到的最大的不适应可能是什么？"

第二个问题是："在大学，新同学必须要做的事情是什么？"

这两个问题我觉得问得特别好，可以说是新生同学们共同面对的最普遍的话题。

对于第一个问题，根据我当院长这么多年迎来送往的经验，我觉得对于新同学来说，最有可能产生三个不适应。

第一个不适应是对大学集体生活方式的不适应。

这里面既包括很现实的吃、喝、拉、撒、睡等日常事务的不适应，也包括心态与氛围的不适应。当刚进入大学的新鲜感消退后，一些不良反应就会开始出现。

比如很多人以前在家里有单独的房间，而现在要和来自天南海北的不同生活背景的几个同学挤在一起，某人袜子乱丢，某人打鼾太响，某人嗓门太大等，少不了一些磕磕绊绊。

再比如，以前什么事都是老师安排、家长安排，自己照做就行，现在很多事情得自己安排，没人追着屁股提醒，也就是被动安排与自主安排的区别。

总之，集体生活与个体家庭生活差别很大，新同学要对这种差别有足够的心理准备。

第二个不适应来自社会关系的变化。

根据社会心理学家的分析，人类的社会关系主要有四种类型。

第一种是"爱和分享"的关系，家庭就是这种关系的典型代表。

第二种是"等级与服从"的关系，最典型的就是工作中上下级之间的关系。

第三种就是陌生人之间的社会关系，主要体现为独立、边界感、平等、尊重、合作。

第四种是"市场交换关系"，就是劳动雇佣，按劳分配。

所谓对社会关系变化的不适应，主要是指同学们从原来以血缘关系所建立起来的待人接物方式突然转变为以和陌生人打交道为主了。以前更多是家庭中的爱、分享与宽容，就算有点过失、发点小脾气也都不怕，可一上大学都变了，没人惯你脾气了。

大家都一样人格平等，找人办事得按照契约精神，更得学会和陌生人交往、沟通与合作。总之，社会关系的变化，对很多同学来说是挺大的挑战。

第三个不适应主要来自自我变化的不适应。

很多同学在高中可能是学霸级别的，是"别人家的孩子"，而现在来到大学，发现自己就是普通学生中的一员，在某些方面很可能还不如其他人，那些往日的光环似乎一下就消失了。有些同学就会产生一种失落的情绪，影响到接下来的学习、生活与人际交往。

一个人需要有自我期待，但是，自我期待也要遵循科学的理性。如果把自我期待情绪化，变成了自我膨胀或自我贬损，那这个代价就太大了。

总之，生活方式、社会关系、自我期待是最容易引发新同学不适应的三个方面，这也是同学们必须面对的挑战。

那如何去克服这些不适应呢？就是对第二个问题的回答。我觉得有三个必须做的事情。

第一个是"必须开放心态，积极去拥抱各种丰富多彩的生活方式"。年轻人活力四射，学习能力强，所以更不能过早就墨守成规。要有信心、愿望与勇气去多体验不同的环境与不同的人。这里面最重要的是同理心，要多站在别人的角度思考问题，多理解他人的习惯与境遇。

第二个是"必须保证学业的完成"。

大家能考上大学，学习天赋都不会太差，但天赋好不代表一定能毕业，如果不努力，总挂科，或者因为其他不必要的事情耽误了自己的学业，那就得不偿失了。因此，同学们不要把自己的天赋浪费在不重要的事情和我们不擅长的事情上。兴趣爱好可以广泛，但大学生的第一职业永远是学习与深造。

第三个是"必须保持自己的身心健康"。所有的才华和理想，如果没有健康的保障，就是毫无意义的幻象。不能因为身体与心理方面的问题而损害美好的大学生活。

同学们，本科阶段是你们人生一个十分重要的生命节点。这个阶段是人一生中体力、智力、情绪、认知、意志、人格等从幼稚走向成熟的关键阶段。著名心理学家埃里克森的研究告诉我们，在人一生的八个成长阶段中，从18岁开始的成年早期位于整个人生承上启下的核心位置。所有人生中最关键的品格、意志、爱与承诺、自尊与责任感等都是从这个时期开始接受真正的考验，而这段时光正是你们来到清华园，摆脱青涩，开启燃情岁月的时候。我希望同学们能够更早领悟到为意义而学习、为美德而深造、为幸福而奋斗的道理。

希望同学们在清华园的学习与生活中，能够排除噪声、抵制诱惑、明确是非、独立判断、坚定理想、勤学不辍、立足当下、心怀高远、不负年华。更希望你们时刻心怀善意，包容理解，不忘呵护身边的人与环境。

祝同学们在清华园学习生活诸事顺利！

>>> ❀ 维 安

大学四年是一场隐形的加时赛

我忽然想先问几个问题：

你的高考成绩是否让你感到遗憾？

如果你的回答为"是"，我想请问：现在的你，是否做了些什么来弥补这个遗憾呢？

如果你的回答为"否"，我想请问：现在的你，是否做了些什么来延续这份满足呢？

很多高中的学弟学妹问我："高考重要吗？"

"当然重要，因为高考对你来说是未来，此刻你在做什么，能影响这件事的结果。"

很多大学生问我："高考成绩重要吗？"

"当然不重要，因为高考对你来说是过去，但此刻你在做什么，才影响你未来的结果。"

我们要关注的始终是"未来"。如果说高考是一场比赛的终点，那它也恰恰是大学四年这场加时赛的起点。

一个很喜欢的学姐最近拿到了心仪大学的 offer（录取通知），是香港中文大学。

她说自己投了三个喜欢的学校，前两个大学早早就发来了贺电，唯独最心仪的港中文迟迟不来。她人在上海实习，心中依然挂念着那心心念念的名校门票。我本来担心没希望了，忽然看见她发了条朋友圈："上班时看到这封邮件手都抖了，等通知等到怀疑人生等到放弃的边缘，终于来了！！！"

最心仪的那份 offer 姗姗来迟。

功不唐捐，我真为她高兴。

其实几天前，她还表现出隐隐的担心："学校特别看重本科学历，我虽然绩点和雅思成绩尚可，经历也有，但还是心很虚。"

我看过学姐的大致资料，她所在的学校是 211，不是 985，但是她的实践经验可圈可点：去台湾交流，当国际志愿者，参加学术论坛，去非政府组织实习……总之是一份蛮漂亮的个人材料。

我很喜欢这个充满热情的姐姐，我们就读于同一个高中，却相识于我的公众号，在感叹缘分奇妙之外，我还感叹自己身边总有这样优秀的人做榜样。

其实仔细看看这些申请条件，除了学校水平是"先天的"，她对此无计可施，其他的丰富经验都是"后天"自己为自己创造出来的条件。

她很清楚自己的短板，好在，她的"长板"足够长。四年时间的努力和热情，对于自己的高要求和不懈努力，足够让她把自己打造成一块用实力说话的"金字招牌"，甚至盖过了学校本身赋予的光环。

这些改变，都是她在"加时赛"里的出色表现换来的。

最近学院老师让我参加一个项目，我坐在图书馆咖啡吧花了一个下午拟写个人材料。基本上把自己从大一到大三的经历都回顾了一遍。

写着写着忽然感叹起时光荏苒，而我怎敢蹉跎？

至今仍然觉得高考失利是我十八岁生命中的一个遗憾，只不过这个遗憾在后来懂得努力的日子中慢慢地被抚平，被安慰。

高考的失利留给我的结果是学校上的短板，虽然学校整体还算不错，但是对我而言依旧有些许不足，让我想要的一些资源受限，目之所及狭隘。如我这样的个体并没有改变平台的力量，那就只能修缮自身积蓄力量。既然短时间内难以改变这块"短板"，索性就延长自己的"长板"。

经常有高中的学弟学妹给我留言说觉得高中好累，天天都要面对考试、分数、排名。

我总是安慰他们："没事的，熬过去就好了，其实大学也没你想的那么轻松呢。"语重心长后反而隐隐有些羡慕的意味。

如今回忆起，若不是总被那些分数和排名的压力所"奴役"，很多人可能都不会狠下心让自己多刷点题，看点书，以换得一个高考高分。

大学的可怕不在于辛苦，不在于压力和排名，恰恰在于，这样的竞争是隐形的，是温水煮青蛙般的，是春风利刃般的。给每个人很大程度上的自由去爱做什么做什么，然后在某一个时刻忽然显现出它的残酷。

杀得人猝不及防。

有个读者曾经给过我这样一个比喻："大学四年是一场'隐形'的高考"，我认为大学四年其实是一场隐形的"加时赛"。

为什么是加时赛呢？

在体育比赛中，加时赛意味着胜负尚未明确，需要延长比赛时间以得出结果。高考决定的只是专业的方向和起点的高低，就像是一场预热，之后的四年才是真正较量的时刻，能跑多远，就是你自己的事情了。

不要总觉得考得好就万事大吉了，虽然我也很羡慕那些在名校的同学们，我羡慕的不是他们平台的高度本身，而是他们能够拥有的资源和机遇。可能我所在的地方没有那么多的机会，那我就去自己找，自己琢磨，没有路也挖一条出来。

就怕你并没有意识到这些差距都是可以改变的。

有次吃饭朋友们还相互开玩笑："读了几年大学，发现大家的笑点都不一样了。"

真是这样。不仅是笑点，我们的谈吐、见识、经历，遇事的应变能力好像都在这四年里慢慢地有了落差。这样的落差不是一天就造成的，是日积月累的结果，是今天你去图书馆我在宿舍打游戏，明天你去复习功课我再看一部偶像剧，是你后天去参加一个志愿活动而我想着去逛个街，是大后天你带着满满当当的简历拿到 offer

而我只能尴尬地笑笑，内心暗自懊悔。

有人说高考很公平，努力学习和不努力学习会有不同的结果。我觉得大学也很公平啊，努力提升自己的人和不努力提升自己的人也会有不同的结果。对于那些知道自己想要什么的人而言，就算暂时处于弱势，将来也能够扳回一城。

我们都知道，这个世界并不总是那么公平。但我越来越喜欢这样一个优胜劣汰的，甚至有些残忍的世界。因为它对于那些想努力的人，想变得更好的人，始终保留了一扇窗户。我不敢轻易地就把大学两年多的经验之谈上升到人生的高度，也不能保证一个人的付出会和他的收获完全成正比。但我始终相信，在这样充满可能性的二十出头的年纪，很多事情都是有可能的，如果你说不可能，也请用失败证明给我看。只会抱怨和懊悔过去的人很快就会出局了。

希望四年之后的你，要么有好看的学历，要么有出色的能力，最好两者兼具。那个时候的你可能会发现，高考能给我们的东西远远不足以支撑未来，名校的光环也仅仅是暂时的，四年踏踏实实地完成自己给自己的许诺，拥有绝对的实力，才是面对未来的真实底气。

毕竟，"比昨天的自己更好一点"是一件多么让人上瘾的事情啊。

做你该做的事情，趁这场加时赛还没结束。

理想大学的
一万种可能

美国著名社会心理学家马斯洛说：

"教育，就是让一个人成为更好版本的自己。"
大学是梦开始的地方，年轻的我们将在这里成长、蜕变，
你的理想大学是哪所？你足够了解它吗？

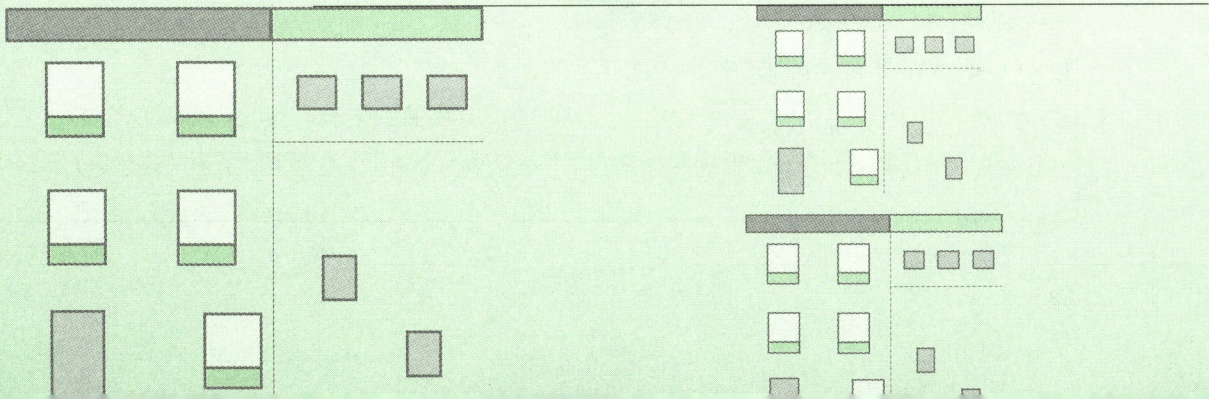

哈佛大学：

像狗一样学，像绅士一样玩

✽ 邱慧伶

提到哈佛大学，大家可能不自觉就给其贴上"名校""学霸云集""严谨"等标签。但其实关于哈佛大学有个有趣的传言：哈佛大学要求学生"像狗一样学习，像绅士一样玩耍"，简单来说，就是在学习时要全身心投入，在休闲时，优雅玩耍，收放自如。

一分钟历史

17 世纪初，首批英国移民到达北美，他们为了让子孙后代在新的家园可以接受良好的教育，于 1636 年在马萨诸塞州的查尔斯河畔建立了美国历史上第一所学府——新市民学院。

1639 年 3 月，为了纪念在成立初期给予学院慷慨支持的约翰·哈佛牧师，新市民学院改名为"哈佛学院"。1780 年，哈佛学院正式更名，称为"哈佛大学"。

在 2024 年 QS 世界大学排名中，哈佛大学位列第四。目前，哈佛大学是培养过最多诺贝尔奖得主的高校。

不守校规，"奥运冠军"也会被开除

1896 年，哈佛学子康诺利成为现代奥运会历史上的首位冠军。在他载誉而归之后，非但没有得到学校的奖励，反而收到"被开除"的通知，原因是他违反了校规。

哈佛大学诠释了什么是自由与约束并存。现在哈佛大学的校规并没有特别之处，规定了尊重他人文化、不破坏学校环境、不损害学校名誉等内容。不知道奥运冠军现在违反校规，还会不会被开除呢？

来一场春季派对

哈佛大学有个传统，每年都会在春季举办庆典。春季节日庆典非常盛大，

一般包括游戏、音乐、文化演出和大型烤肉派对等活动。更夸张的是，学生们会在校园内搭建巨大的摩天轮、旋转木马和各种游乐设施，把校园装扮得像是游乐园。

历时 25 年的人生目标研究

为了研究目标和人生轨迹的关系，美国哈佛大学进行了一项长达 25 年的目标研究。结果显示：3% 的人有清晰且长期的目标，他们几乎都成了社会各界的顶尖成功人士；而从来没有目标的 27% 的人，哪怕是从哈佛大学毕业，依旧生活在社会底层，生活过得不如意。

早在 20 世纪初，哈佛大学就开始为大学生提供就业指导课程，辅助学生树立求职目标。现如今，哈佛大学设有很多校内和校外的实习岗位，学生在上学期间就有机会尝试企业、政府机构和非营利组织等工作，更好地确定以后的就业方向。

"才貌双全"尽在哈佛

在人们的刻板印象里，哈佛大学的学霸应该都是"书呆子"长相，戴着瓶底厚的眼镜，全年身穿朴素的格子衫。"选美大会"打破了大家的这种印象。每年，哈佛大学都要举办一次新入校男生的"选美大会"，从 700 多名来自世界各地的哈佛新生中公开投票选出 80 名入围选手，然后经过全校学生网络投票、"美貌与智慧的角力"、专业人士考核等环节，最终评选出哈佛的"年度先生"。

哈佛大学的"选美大会"不分国籍，曾获冠军的斯丁哈特·森格，来自印度孟买，不管多么犀利的问题，他都能完美应对，是名副其实的"才貌双全"。

"清华北大"

到底有什么魅力？

✱ 邴格格

清华北大、才子学霸、状元榜眼……每到六月高考时，这些词就又成了热点。

你可能会说，清华北大还需要介绍？人人都知道它们的厉害——毕竟，谁小时候没有过"考清华还是考北大"的纠结呢？

但我们或许永远隔着一层耀眼的光晕，而未曾真的了解过中国的这两所顶尖大学。一方面，清华北大成为不少重点学校、尖子生们心头的朱砂痣，是埋在心中的执念；另一方面，更多的人通过一篇篇报道将它们捧上神坛，使人望而生畏。

"清北"到底有什么魅力？这一次，我们从朋辈影响、师资力量、科研资源等不同方面解读中国学生、中国家长的"清北情结"。

顶级学府，真的拥有顶级配置

1.进清北后，我拥有了最豪华的朋友圈

在很多人看来，高考是人生最重要的一个节点，考上清华、北大则是他们的蜕变。顶尖的门槛和古时的跃龙门一样，让人破茧成蝶，这并不是毫无道理的。

首先必须承认的是，清华大学、北京大学是高考胜利者的聚集地。他们绝大多数是通过了高考统一量化标准的严苛筛选，在这场拼争激烈的战斗中，凭借自己十几年如一日的努力、关键时刻的冷静严谨、聪明的头脑和坚决的意志获得了清北的入场券。可以说，这里是中国最聪明的人的聚集地。凭借十几年养成的自律习惯，这些学生往往更容易在专业成绩、科研成果、社会工作、实践活动甚至社会影响力等各个方面交出漂亮的答卷。

不仅如此，清华北大的名望与资源也吸引着全国家庭背景优越、软硬实力都超群的人。清华的老师常说，四年里你们感受到的朋辈压力，或许是后四十年里最重要的朋辈资源。

优秀是没有统一标准的，而踏进清北，

则是和不同领域、不同定义上优秀的人同行。

2.教师天团的诞生

清华大学共有 91 位两院院士，占总数的 5.06%；北大 111 位，占比 6.17%，学界地位不可撼动。此外，清华北大的教师水平代表着中国第一流，同时也是世界前列。

与其说是授课，不如说这些教授们是将自己投身科学技术研究、探索人文哲理得到的知识精华和成果进行一次次深入浅出的分享。参与卫星设计的工程师讲授工程制图的要领，某门数学课权威教材的编写作者或许是你的授课老师的某届学生。这里有着中国最强大的科研天团和王牌教师，想不成功都难。

3.经费天花板，实现科研自由

清华科研经费每年有将近 400 亿，北大也有超过 200 亿。或许你对这个数字没有概念，那么我们来做一个比较——这相当于把大部分二本院校捆在一起得到的经费总和。曾经有人计算得出，平均每个清华学生的教育成本是 260 万。清北是中国高校的天花板，在这两个学校里，你也能享受到作为一个中国大学生天花板级别的机会。

更重要的是，清华北大鼓励感兴趣的本科生投入科研。例如，清华大学设置的本科生科研训练（Student Reasearch Training）每个学期都会开设不同院系专业上百个研究项目，本科生可以无门槛学习和体验科研过程，手把手教学，实现想做就做的科研自由。

能上清北，啥专业都行

1.低门槛转专业，上大学后的二次选择权

在考虑大学时，大部分学生和家长都会陷入选学校还是选专业的纠结中。稍微高层次的学校只能去冷门专业，能挑专业

的大学又显得分数浪费……

但是这一纠结拿到清华北大就显得没有必要了。一方面，清北的含金量摆在大众面前；另一方面，这两所学校也为学生设置了灵活的大学专业调转政策。

清华大学和北京大学都有大一、大二两个学年可以转专业，本科毕业时还可申请其他专业交叉推免研究生，也就是说即使你已经学了一年才发现专业不适合，也仍然有重新开始的机会；即使你学了四年才下定决心转变方向，也完全没有限制。

大部分院系会设置转专业的笔试面试，也有部分专业连笔试都没有。和许多学校转专业需要在原专业成绩达到前多少名不同，清华大学几乎没有设置转专业时对原专业的排名要求——从某一角度来说，这也更有助于让那些本就不擅长本专业的同学"脱离苦海"。

2. 关注个体培养

清北的师资和资源特别强，还体现在独特的一点——学生甚至可以申请"特殊组建专业"，比如北京大学前两年引起讨论的"古生物学十代单传"，再比如清华辅修专业。如果你仍然在为两条路只能选择一条而纠结，清华告诉你：你可以两条都选！

在本专业学有余力的前提下，你可以自主选择修读感兴趣的辅修学位或第二学位，每个学生都有自己独一无二的成长轨迹和烙上清华印记的人生，都有 N 种"私人定制"的可能。

3. 素质挖掘

清华北大不只是在专业领域独占鳌头，在素质培养方面也同样注重。在清北

上学期间，你可以开发自己的兴趣，拓展自己的专业界限。这里有国家级戏剧演员讲授京剧昆曲艺术中的爱恨情仇，有企业内专家分享产业第一线的要领。无论是知识论坛、技术讲座还是音乐会、讨论课，随处都有值得一听值得一看的惊喜。

如果说平时你遇到机遇的概率就像挂在树枝上的叶子，说不定什么时候才能掉落在你的头上，那么在清华北大，机遇则是枝头的果实，并不是虚无缥缈的，只要你愿意去采撷，主动权就永远掌握在你自己手里。

清北就业单位和深造率有多牛？

1. "清北毕业说找不到工作的都是凡尔赛"

最近几年就业形势显得严峻复杂，不少毕业生哭惨，但如果你真的听了他们的话，认为连清华北大的学历也开始贬值了，那可能就大错特错了。

在全球经济下行、压力加大的严峻形势下，清华大学毕业生去向落实率保持稳定。从单位所属行业来看，清华北大高校毕业生就业人数最多的行业是信息传输、软件和信息技术服务业。接收清华毕业生较多的单位主要有：通信和互联网领域，如华为、腾讯、美团等；高等院校及科研院所，如清华大学、中国科学院、北京大学等；此外还有装备制造业、能源业领域，如中国航天科技集团、国家电网、中国兵器工业集团、中国核工业集团等；金融业领域，如中金公司、中信集团、国家开发

银行等；公共管理与服务领域，如浙江、四川、山东、重庆市选调生等。

可以说，清华北大毕业的学生并不愁找工作，他们口中的"找不到工作"，更有可能是指在若干 offer（录用通知）中找不到完全符合心意的一个。

2. 清北出国深造有多容易

留学是很多清北学生的保留策略。清北毕业生出国（境）深造人数占毕业生总人数比例连续几年来都稳定在 16% 左右，其首选国家（地区）均为美国，占出国（境）深造总人数的百分比均为 70% 左右。其次为英国，占出国（境）深造总人数的百分比分别为 8%、9% 左右。近两年来，新加坡也逐渐成为清北学生的热门选择。

实际上，清华北大的学生们选择留学有两种情况：一种是极其顶尖的学生，想去牛津、剑桥、斯坦福这样的学校追寻学术理想，接轨国际；另一种就是凭借清北优势能够更轻松地接受留学 offer 的中下游学生。对于前者来说，由于他们往往在本科生期间就有充分的时间精力和技术、资金支持做科研，往往有优秀的产出成果，也更有可能收获理想的 offer。而后者则是对普通申请同学的降维打击——清华北大的名头已经是一个占比极高的加分项了。可以不夸张地说，对于清北毕业生而言，只要你肯申请，就能有书读。

3. 在清北，考研是个备选项

与一年又一年熙熙攘攘的考研大军不同，清北两校的超高保研率和国际认可度让他们将"考研"放在较后的优先级。

清北本科生 70% 以上会继续攻读研究生，其中大部分人采取"本校保研最优，推至外校也行，实在不行留学"的策略。除了部分想要直接找工作或已经确定出国留学而不参与保研的大四毕业生外，部分工科的保研率甚至能达到 50%，也就是说只要你的成绩中等，就有保研的希望。少数没能顺利保研又不愿出国的学生才会选择走考研这条漫长艰辛的路。可以说，通过高考这座独木桥后，他们往往很少会再次面对像高考这样险峻的情况了。

鲲鹏击浪从此始

中国绝大部分人，无论是需要面临高考的学生、家长、老师，还是高考的旁观者，对清华北大是有着一种仰望情结的。因为这两所学校里汇集的，是一群金字塔尖的年轻人。

然而不积跬步无以至千里，每一个天之骄子也都曾埋头耕耘，静待花开。并不是每个人都要精确无误，才能平步青云。但向着太阳而去的人，最差也能摘到星星。如果说在高考的分水岭上考清北、上名校是千军万马走独木桥，那么走过独木桥后的风景会告诉你，这一切努力都有意义。

考入清北也并非一劳永逸的事情。人生是乘风破浪的过程，清北是高台，高台之上你能看见更广阔的风景。但想要有所收获，仍需一步一个脚印地向更高处攀登。那么，不妨就从现在开始攀登吧！

浙江大学：

你是我遇见过最美的梦

✿ 薄 荷

在漫天花海里寻找你留给我的那颗星星

在浙大的校园，花是永远不会缺少的要素。

云峰的小径上是春天的早樱，猫咪灵巧的脚步惊扰了一地花瓣，枝丫在风中轻轻颤抖，带着春天的敏感。丹青的园圃里是啼血的杜鹃，映衬着让少女的衣裙也艳丽了起来。南花园的水面上是浴水芙蓉，在夏日独占一园的清凉。教学楼旁是和秋风一起来的桂花香气，星星点点地点缀了秋天。而至冬日，梅花和雪花一起成为校园双骄。

"去年元夜时，花市灯如昼。月上柳梢头，人约黄昏后。"花灯月下尚有爱情的美好萌芽，更不用说在花海之中，情侣许下长长久久的承诺也是浙江大学的一道靓丽风景线。

浙大每学期都会举办的"三行情书"活动，抒写着文理工科同学的浪漫情怀；特色社团"红豆社"，定期举办一周 cp 活动——真心爱人或是真挚朋友，一样值得珍惜；亲密关系的处理、家庭心理学等课程以及心理辅导团建都是针对学生的爱情问题开设的特色课程；还有一年一度的"缘定浙大"校友集体婚礼，也是校园浪漫故事的证明。

除了爱情，其他的情感也一样有着浙大独有的标签。不论是开学典礼上校领导"因为爱，所以我付出；又因为付出，所以我更爱"的责任感；还是浙大学生为了"网红楼长猫"生病而募捐送它去手术的温暖；抑或是每年参军学生表彰仪式上令人泪目的家国之爱，都是不一样的情怀。

在这里，你只是你，自由的一个你

你想成为什么样的人？

这个问题我们从小就被不停追问。然而在巨大的高考压力下，这个问题不知不觉变成了"你想要去哪个大学"，我们在心中构筑的那个自我形象慢慢变得模糊，被禁锢在了时间表和成绩之中。

浙大致力于让学生重新找到自己。在浙大，不论你做什么，只要你认定这是你未来的方向，并且愿意付出足够的努力，没人会质疑你做的事情，学校会给予你充分的理解和支持。

浙大的特色课程和社团都非常多，给了每一位学生发展的空间。大家戏称浙大紫金港校区为"三墩职业技术学院"。的确，浙江大学有许多有意思的"网红课"，与未来的职业选择息息相关。工程训练课上，同学们自己做金工作为礼物送给珍爱之人；动物产品加工实验课上，同学们动手做奶酪火腿等美食，并且可以打包带走品尝。社团方面，学校的电竞社、粤语社等"小众"社团也一样蓬勃发展着，开展的许多活动得到大量好评。

每个浙大学子都在这里成长为自己理想的模样，学校给予的支持恰到好处。想做学问，有课堂与图书馆；想动手实践，有实验室和车间。不论是传统行业还是新兴产业，学校一视同仁地鼓励我们去尝试，去追梦。

在这里，我感到我不再是社会中微不足道的"nobody"，我是自己，是全然自由的、为了自己而在努力拼搏的"somebody"。这是一种多好的感觉呢？我想，每一个浙大学子都会了解吧。

> 你如果来了，一定不会后悔

是什么让我慢慢爱上了浙大？

或许是风味各异的食堂吧。既可以在休闲食堂吃到家常小炒，也可以在风味餐厅体验大江南北的美食，更能在大西区的留学生食堂点上一桌好菜，和室友畅聊人生理想。如果你已经厌倦了学校里全部的食堂，也可以去学校后面的"小吃街"换换口味——当然，要确保你的口袋里有足够的钱，不然美食一定会掏空你的腰包。

或许是校园各个角落潜藏的小确幸吧。你可以在午后点一杯奶茶背几列单词，也可以在清晨的启真湖畔看黑白天鹅逐水嬉戏，还可以在晚课之后抬头，看一轮明月挂青天的温柔光芒。

或许是丰富多彩的校园活动吧。12月31日是我们的学生节，不同专业的同学都走上街头狂欢。也可以去小剧场看一场票价仅仅十几元的电影，或是去临水报告厅聆听一场西洋音乐会。如果你不幸在新年或者春节留守学校，那新年狂欢夜和年夜饭正在等待你的加入。

我们都是"不够称职"的浙大人：竟然没一个人可以全然说出为什么爱它。我们只知道，一天天过去，也许很多当时以为难忘的瞬间都渐渐模糊，但对浙大的爱却与日俱增，就如老舍先生所说，"我不能爱上海与天津，因为我心中有个北平"。

我难以说出浙大的全貌，只能以浮现在心中的许多小小细节来描述它的美好。一言概括，浪漫、自由，以及所有我曾憧憬过的美好，我都在浙大找到了。

> > > ❀ 星月兼程

"两电一邮"
通关手册

今年你十八岁，读书十二年后，你成功通关高考走出新手村。接下来请选择你想要进入的服务区：

A. 两电一邮　　　　B. 三角函数

恭喜选择"两电一邮"的同学，你即将进入通信行业的"黄埔军校"。为通关顺利，请仔细阅读题干并做出选择。

1. "两电一邮"指的是什么？

A. 电池、电鳗、邮递员

B. 电子科技大学（985）、西安电子科技大学（211）、北京邮电大学（211）

请选择 B 选项的同学进入论述题副本。

1. 电子科技大学、北京邮电大学、西安电子科技大学常年活跃在全国大学通信工程专业前五名；清华大学和上海交通大学常年活跃在全国前十。

请问你赞同以上排名吗？请发表不少于 100 字的论述说明你赞同的原因。

2. 电子科技大学和西安电子科技大学常年活跃在全国电子科学与技术专业前三名；北京邮电大学和复旦大学常年活跃在全国前十。

请问你愿意进入"两电一邮"的王牌专业就读吗？请发表不少于 100 字的论述说明你愿意的程度。

祝贺答题到本阶段的同学！你将获得"'两电一邮'社会声誉点"及支线就业指南一份，请根据您的论述题答案，抽取支线就业指南。

支线一　电子科技大学

你是一名电子科技大学的学生，毕业后，你怀着忐忑的心情准备就业。涉世未深的你做好了经历挫折的准备，不想这时，校招开始了。

抖音的老板字节跳动支起了棚，问你："同学，不进来看看吗？"

华为的工作人员举起了牌，笑道："福利好，房补高，这还不冲？"

你看着眼前的中国工商银行、中国移动、普联、中兴通讯、中国电信、美团、中国电子科技集团和中国电子信息产业集团，陷入了久久的沉默。

你知道，你的选择困难症又犯了。

支线二　西安电子科技大学

这一年，你毕业了。

本科时，你选择了电子通信计算机的相关专业，你在网络上看到了很多的同专业朋友，他们穿着格子衬衫，穿梭在这座迷人的古城，你却产生了一阵迷茫。

学校倒是来了挺多校招的，中兴、华为、中国电子信息产业集团、TCL、中国电子科技集团、普联、中国联合网络、中国电信、北京字节跳动都来了。

但是大厂真的好多人啊！

你急需有人来指引你的方向。

这时，你远在电子科技大学的老乡给你发来了消息：宝，咱俩公司导向还挺一样的，要不选一家公司干呗？

你犹豫着，老乡又说：我选择困难，你看着选一个，我去找你！

这豪气干云的一番话治愈了你的社恐，你感觉自己飘散的思绪，终于踏实地落了地。

支线三　北京邮电大学

在北京待了数年，你不可避免地沾上了京腔。

临近毕业，你的高中同学给你打来电话，开玩笑道：你准备考个"研究生儿"还是考个"公务员儿"？

于是你也开了个玩笑：我准备烤个"地瓜儿"。

但实际上，你是个目标特别明确的人。上大学你要来首都，上班你想去大厂，所以你早就做好了一份攻略。

书桌上，台灯静静照亮了纸面：中国联通？字节跳动？中国移动？中国电信？美团？百度？腾讯？阿里？华为？中国工商银行？

你准备和家里商量一下再做决定。

亲爱的同学，不管你抽取了哪只锦囊，都恭喜你，做出了当下最好的选择。

接下来，让我们把时间拨回到四年前。

电子科技大学

你的名字叫小帅。高考后，你左思右想，北京空气太干燥了，所以清华北大你都不去了。听说四川水土养人，于是你毅然决然地填了"电子科技大学"。

靠着优异的成绩,你被顺利录取,还进了王牌专业。

到学校那天,接待新生的学姐温柔似水,学长孔武有力。一人帮你拎着行李,一人给你介绍学校的建筑。你有心想搭句话,不想才脱口而出一句"成电",学长和学姐的眼刀子就飘了过来。

你不明所以地收声,等到了宿舍,和舍友聊起来,你才知道原委。

"成电"听起来多不高级啊,人家那可是"University of Electronic Science and Technology of China",中国电子科技大学!这才叫气派!

你说人家朱元璋都当皇帝了,你非要叫人家朱重八,马皇后都拦不住他砍你的头啊!

可惜就可惜在不给挂牌"中国"。

你明白了,但你也惆怅了,为这没挂上牌的两个字。

但你的惆怅转瞬即逝,你的舍友是个万事通,他告诉你,你们学校好几个校区呢,反正都在成都,你可以到处逛。这沙河校区有点意思,填志愿就和其他校区分两个代码,分还相对低一些。

你一下好奇了,问,为什么啊?毕业证不一样吗?

舍友说,一样啊,但是这沙河校区主打一个复古,你知道吧?

你懵懵懂懂地,挑了个周末去看复古风沙河校区。去了之后,你傻眼了。原来这个词,只是"陈旧"的委婉表达。

赏景失败的你,又一次惆怅了。但你在这里,碰到了一个戴着眼镜的学长,你们一见如故,挑了个小酒吧,看星星看月亮,从人生理想聊到诗词歌赋。

喝多了的学长大着舌头对你说:我们学校有 26 个教学科研单位 65 个本科专业,本硕博学生 4 万余人,IEEE Fellow(电子电气工程师学会会士)20 人。而且学校目前有一级博士点 22 个,一级硕士点 32 个,国家级科研平台 10 个。学生还有保研资格,保研率达到了 30%。

你被这串数字炸得头晕眼花,但胸中充满了豪情壮志。

怀揣着对学长能背出来这么多数据的敬意,你在早晨晕晕乎乎地去上了早八。

好心舍友为你占了位置,还担忧地劝你多喝热水,因为这节课没医学生,你在此地酒精中毒,没人能救你。

你吓醒了。

讲台上的教授讲完课,遵从"生意",讲起了学校的历史。你看着他充满骄傲的脸庞,也忍不住激动起来。

因为你们学校能力强、任务重啊!你们学校承担着服务国家重大战略,打破国际技术壁垒的任务。因为电子科技大学有一个电子薄膜与集成器件全国重点实验室,培养了许多重要的人才,还在我国的芯片领域、雷达领域都有着非常卓越的贡献。这儿培养了一个校友叫王东升,研究电子屏幕的,全球有超过四分之一的显示屏来自他的企业京东方,所有的苹果手机、华为手机、小米手机,包括海信电视机等的电子屏都是人家做的。

你心生敬意,更加努力地学习。

你像一块海绵,吸水,吸咖啡,吸果

汁，就像你虽然是学计算机的，但是金融什么的也多少沾点。

又是一年迎新季，你以学长的身份，迎接着向往这所大学的学弟学妹们。

刚从高中出来的学弟学妹们很健谈，你问他们学什么专业的，他们叽叽喳喳地说：学电子科学与技术和通信工程的、研究手机的、研究电子通信的、研究雷达的、研究无人驾驶汽车的信息化系统的……

你听得心潮澎湃，与有荣焉。

突然，一个男声传进耳朵："成电……"

你深沉地摇了摇头。

"错了。"

"我们是中国电子科技大学。"

西安电子科技大学

你来到西安电子科技大学，其实有点巧合。

你一直有点儿军人情结，无奈高三军检的时候，你刚割了阑尾，在家哼哼唧唧，最后与部队失之交臂。高考后，你妈妈为了安慰失望的你，陪你一起看了《永不消逝的电波》。你为主角李侠大哭一场，还为此查了李侠的人物原型，这一查，就查到了西安电子科技大学。

它早年间正是研究通信设备和密码学的，而且还是军校出身。要不说无巧不成书呢？你瞬间觉得内心的失落和迷茫一扫而空，信誓旦旦地告诉全家人你要去西安电子科技大学。

家里人支持却忐忑，因为以你平时的成绩来说，考西电还是有点儿悬。

可上天好像听到了你的心声，你在高考中超常发挥，不仅顺利考上了西电，还上了你最爱的专业，此后终于可以在喜欢的方向深耕了！

西安是一座很美的城市，无愧于十三朝古都的称号。你一来，就把这里逛了个遍，大雁塔太美了，兵马俑太震撼了，羊肉泡馍太香了。可你最喜欢的，还是学校的图书馆。

它藏书众多，你如饥似渴地摄入知识，梦想着终有一天，可以考上学校的研究生、博士。

大二时，你认识了一个学姐。

校招时她忘了拿简历，你去给她送，她把简历给华为，不想华为看都不看就把简历扔进了一个箱子里。

你气冲冲地要理论，学姐却说，不用担心。你这才知道，华为的母校就是西电，他们信任西电学子的能力，更信任西电的名声，不必看简历，可以直接录用。

这是你第一次感受到"学缘"的强大。学姐问你，要不要毕业后也去华为？你犹豫了，你动摇了。你说：可能吧。

可一回宿舍，看着你贴的目标和梦想，你就立马为自己的动摇羞愧起来。

你没有跟任何人说，你的梦想是在学术上深耕，深耕到终有一天，有资格参加学校军事项目的建设。

学校在中国航天、雷达等军事技术方面举足轻重。你学的导航制导与控制，还有舍友们学的通信工程、计算机科学与技术，还有相关的智能科学与技术、信息对抗技术、信息工程、密码学，包括电波传播与天线等学科，都是重点学科。

你还有幸见过李云松教授，他的团队发明了"雅芯－天图"，为宇航飞船提供了高速图像压缩芯片。而且宇航航拍，包括宇航成像芯片的技术都是西电的核心技术，它甚至为我国最大的飞机 C919 提供了机载信息系统、地面识别系统和导航系统。

你在这里，找到了自己真正想做的事情，一改高中时的怠惰，昼夜疾驰，假期回家后，还洗脑一般对着高三的弟弟絮叨："你不是喜欢搞科技吗？来我们学校！你学电子科学与技术和信息与通信工程都行，而且这还是国家级重点学科。你还想考研？那更棒了！数学、光学工程、机械工程、材料科学与工程、物理学、控制科学与工程、计算机科学与技术、生物医学工程、工商管理、应用经济学、统计学、军事指挥学和网络空间安全，你想学什么都行！"

你妈妈都吓呆了，你弟弟更是劝你冷静。你在客厅冷静了几分钟后，安静地回到了自己的卧室，开始继续学习了。

你的墙上依旧贴着你的目标。

我要保研、考博。

梦想成为的人：铁血女教授。冲冲冲！！！

北京邮电大学

你叫小美，是个"老北京"，一家住在雍和宫附近的某条胡同里。

早些年，你爸蹬着三八大杠挨家挨户

地送邮件，走到一家门口，就按响车铃铛，你就是在这种声音里长大的。

你的生活平凡却有趣，充满烟火气，家庭关系良好，父母还都是北京邮电大学毕业的正经大学生，哪儿都挑不出不足来。

你在这种特别安逸的环境中长大，没梦想，也没想法。

高考完，你妈说希望你留在北京。你说行。

你爸说希望你上北邮，你说行。

你奶问你学什么专业，你说都行。

你就这样，在长辈的推动下，考上了北京邮电大学，还上了个相对来说不是特别好就业的专业。

这个专业的最终指向是，你得考研。

考就考吧，反正你们学校规模大着呢，那学生手册上，明明白白地说：学校有 19 个学院 53 个本科专业。在校的本科生、硕士生、博士生和留学生一共是 2.8 万，有 9 位院士坐镇，学校一级博士点 15 个，一级硕士点 24 个，国家重点学科 3 个。

而且你们学校还有保研资格，保研率得有 25%。

你信心满满。

这时你爸到了更年期，你一回家，他就犯唠叨。你无奈之下，只好躲到了学校图书馆。

某天你看书时，对面坐了个"装备党"，前面摆着电脑，旁边放着 Pad（平板电脑），面前堆着三本书，手里还拿着手机。

你好奇地一看，他学的竟是信息与通信工程。

你们学校有两个重点专业，一个是信

息与通信工程，研究硬件的；另一个就是计算机科学与技术，研究软件的。

这两个专业不容小觑，它们的录取分数当然也不容小觑。你好一阵惊讶：遇见活的学霸了。

结果聊完天才知道，人家是经济管理学院的，准备考信息与通信工程的研究生。

都要考研的你们俩一见如故，成了考研搭子。你们一起吃饭、一起看书，特别顺理成章地在一起了。

你大三那年，他跨考成功，考上了你们学校的信息与通信工程专业。

那时候你正跟着全家在旅游，乐不思蜀。收到他的喜讯，你先是高兴，高兴完了又有点无措。

你现在其实有点不想考研了，因为它好像没有你想象得那么容易，但是他考上了你不考，你又觉得心里怪怪的。

回学校之后，你兴头也不高。他敏感地发现了，来问你，你也如实回答了。

那是你们第一次进行那么深刻的聊天。他问你想要什么，你不知道。他问你有担忧的事情吗？你说其实也没有。他问你是觉得考研很累吗？你说不是。

他准备考研熬了很多夜，那些时候你也看了很多书，熬了很多夜。

你其实没有很累，也没有觉得很难，但你就是特别迷茫，你从小迷茫到大，你什么都不缺，不用为了生存忙着找工作，没有谁逼着你非做什么事不可。你就是个小市民，没什么大志向，国家大事你管不到，小事也影响不到你。

他听完这番话，裁了个圆形的纸片出来，在上面分出两个半圆，一边写就业，另一边写考研。

你转了三遍，都是考研。

有个什么东西替你做决定，你反而内心安定下来了。你说好吧，那就考研。

那天晚上，这个特别不浪漫的理工男给你发了一条短信：人生的路是一直往前走的。有目标时，朝着目标走；没目标时，把当下做到最好。反正不管走哪条路，都是往前的路。

你已经预演了你的大学四年。

现在的你还在准备填志愿，虽然看了"两电一邮"，但还是有点迷茫。

家里众说纷纭，妈妈觉得北京邮电大学最好，毕竟天子脚下，大都市，学校综合性还强，学文学理都有好专业，而且北邮专业都偏民用，出来多好就业呀。

爸爸却觉得人还是得有个一技之长，想让你搞一些硬技术，以后出来上班，那不是到处抢着要的高端人才？电子科技大学和西安电子科技大学都是不错的选择，看看这两个城市喜欢哪个，挑一个去得了。

你想，是不是还有点儿仓促？

你还需要一点时间，慎重地思考：你有想做的事情吗？你有喜欢的城市吗？你是要就业还是考研？如果没有目标，是不是应该在所有的意见里权衡利弊呢？

你回到卧室，把自己埋在被子里。

你知道，大概一个月后，你会收到你的录取通知书。

不论是哪所学校的录取通知书，你都将通往更好的自己。

南京大学：

永远有星空和

舞台

✽ 暖纪年

1

我妈，八点档电视剧忠实爱好者，从《小欢喜》那一句"你为什么非要去上那个南大啊？"开始熟悉南京大学，也因此深深记住了南大天文排全国第一，肯定好得不得了，不然乔英子也不会如此痴迷，那么南大到底好在哪里呢？

首先是特别大！南京大学一共有 4 个校区，鼓楼、仙林、浦口和苏州校区，其中前三个校区都在南京，学生集中在鼓楼和仙林校区。

鼓楼校区是老校区，建筑古色古香，更有年代感和气韵，坐落在南京商区新街口附近，逛街看景区都很方便。只是该区寸土寸金，校区无法扩建得太大，所以只有部分专业在鼓楼校区。

除了少部分如商学院、法学院、物理学院等在鼓楼校区，大部分新同学还是会来到面积超大的仙林校区，走路走到脚痛。

不过仙林校区较为偏远，同学们常自我安慰"郊区大学好，适合读书"，又因为附近生态很好，周边偶尔有野猪出没，学生间也常笑称"九乡河文理学院"或"野猪大学"。

面积大带来的好处是，基础设施非常完善，毕竟有很多空余位置可以规划。像杜厦图书馆，是中国藏书量前三的高校图书馆，能满足爱看书同学的需要。有方肇周体育馆，有学生活动中心，有一个小型园林名叫"香雪海"，还有琴房和被吐槽总是不开放的游泳池……饮食上，南京大学仙林校区内有瑞幸、星巴克等咖啡奶茶店，还有麦当劳、罗森便利店以及多个校园超市。不过也有缺点，仙

林校区有 9 个食堂，每个食堂又有很多窗口，但经常被学生嘲笑"全都不好吃"。

最后说说住宿情况，仙林校区的宿舍大部分是 4 人间，上床下桌，有空调、独卫和小阳台。宿舍楼内就有 24 小时开放的自习区域，在宿舍学习没氛围？走几步就可以去宿舍楼下的自习区，有非常多认真学习的"卷王"朋友在等你。而新建成的南京大学苏州校区，新生宿舍也是以 4 人间为主，装修非常精致，像极了电视剧中的公寓式大学宿舍。

2

很多人看过电视剧《小欢喜》后，才在乔英子的坚定选择中知道，南京大学的天文系是全国第一。我还记得第一次认识天文系的同学是在操场放映会，操场上空悬挂的大屏幕偶尔会放映一些电影，天文系的同学们扛来了 5 架设备，热情地问我要不要看星星。

南京大学天文与空间科学学院拥有目前国内唯一的天文学一级重点学科，2021 年，南京大学天文与空间科学学院参与研发的我国首颗太阳探测科学技术试验卫星——"羲和号"，成功发射与顺利进入太阳轨道，这标志着我国正式迈入空间探日时代。

有一句话是，南大总会有星空和舞台的，说完天文，作为戏剧与影视学专业的学生，想说说南京大学提供的舞台。南京大学的学生活动中心有专门的黑匣子剧场，一面舞台，三面座位，作为小剧场，可容纳近百名观众。

学校会先给学生们一笔排练经费，用作前期准备。学生们自己写剧本，自己做演员排练话剧，在黑匣子剧场（或者学校其他更大的剧场）演出，在学校内出售门票，最终赚到的钱作为同学们的工资。虽然赚不到很多钱，但这听起来实在是一件非常酷的事情，做一出原创话剧，在学校内就能体验艺术创作到商业演出的全流程。

对于学生来说，就算你不参与话剧制作，黑匣子剧场也是一个大福利，它有"周末剧场"的说法，每周都会有一部话剧演出，周周有戏看。

3

朋友也问过我，在南大读书感觉怎么样，我想了很久告诉他，奇怪的人很多，但挺好的。这里的"奇怪"是褒义词，学子们不仅深入钻研自己的专业，还有很多爱好，组建乐队、滑冰、弹钢琴……你可能会想：可是，我没有那么全面发展，高中都在学习，会不会融入不了这些学习与兴趣都擅长的同学？

但其实，大部分同学是在南大才找到自己真正喜欢、真正想做的事情的，而学生身上那些多元的爱好、广博的知识，离不开"三三制"人才培养模式。南大一直致力于要办"中国最好的本科教育"，新生第一年接受的是通识教育，同时要学很多基础课程，等到二年级、三年级才进入专业化培养阶段。换句话说，第一年你只是某个学院的学生，可以大二再选专业攻读。

"三三制"有多方面的考量，一方面，大部分高中课程缺乏职业教育和专业教育，学生们并不了解每个专业的具体情况，也不明白自己喜欢什么，一切都是抽象的，很多人填报志愿入学后，才发现自己并不喜欢该专业，又不确定转专业后是情况变好，还是跳入另一个不喜欢的火坑。另一面，学校认为，一个真正的知识者、创造者，绝不应该是狭隘的，他们应该有全面的知识，为走得更远提供养分。现在大学细分专业的方式虽然精细，可学生们也不能接触到其他知识了。

以人文科学试验班为例，它包括历史、哲学、新闻传播和汉语国际教育 4 个学院，由 4 个学院组合师资授课。大一的学生不仅可以同时学习"哲学与文明""跨文化交际""美丽考古学""策略传播基础"等课程，还要在大一通识教育中打下坚实基础，学习"简明微积分"课程，想不到吧，就算选择文科也逃不过数学课！理工科同理，选择了理科，也还是需要读厚厚的小说。课程是繁重辛苦的，但，也许你最擅长的领域，就藏在那些从未接触过的课程中。

4

在南大，跨系选课没有门槛，文科生只要感兴趣，也可以从头开始学习理工科专业，修完相应课程就发相应本科学位证书。

丰富的通识课、多选择的双学位，相信你已经提前感受到学业的压力了。在南大，你当然也要面对繁重的课业，因为同学们都如此优秀，不管是在成绩上还是在个人特长上。朋友调侃，在大一刚开学的时候，同班同学下课热情讨论，说高考发挥失常，遗憾惜别清北，听到大家的讨论，他不敢说话，在心里默默想："原来只有我是超常发挥？"

整体上，南大人文气息十分浓郁，你能在压力中完成自我的精神求索。我也不认为适度的压力是坏事，更多的人努力考学，目的不是成为流水线上的工具，而是在自己喜爱的领域散发光热，毕竟轻轻松松变得知识渊博听起来也不够实际。

自我在南大是会得到成长的，在这里没人觉得"奇怪"是"奇怪"，甚至老师都有可能对你说："在我的课程上偶尔翘课去看演出，去看风景，没有关系，我能理解生活中有比上课更重要的事。"自由开放、包容多元是南京大学始终保有的气质。

大部分老师会欣赏研究扎实、展现学术素养的作业，而且热心地给学生指导和帮助，希望热爱本专业的人能在行业中走得更远。但也有老师奇奇怪怪，桀骜不驯，在高校"论文至上，字数越多越认真"的时候，美学课老师表示喜欢有趣真实的期末作业，不用为高分凑字数，内容不限，形式不限。

据悉，一位男生提交了一封情书，写给他暗恋的人，美学课老师痛快地打了满分，并且鼓励大家多写情书、多写日记，做一个"不麻木、有感受力的人"。而我提交的几首诗歌，仅仅几百字，美学老师也给了我近乎满分的成绩。那是我第一次学写诗歌，觉得很奇妙，后来我还在几本文学期刊上发表了诗歌，参与了南京扶持的文学项目。

5

如果你认可南京大学开放自由的气质，喜欢南京这座景色秀丽的城市，它一定是个好选择。但不同地区录取分数线不同，如果你的分数同时能够满足几所同层次985高校，还需慎重考虑专业和地域的问题。

说句诚恳的话，大部分能报考南京大学的同学，选择空间很大，有好几所985高校可以选。这时候选择变得格外困难，可以先从自己喜欢、想深入的专业领域入手，看看自己喜欢的专业是不是报考学校的强势专业，像武大、人大、吉大法律系就很有名，属于法律专业闻名的"五院四系"，而东南大学、同济大学建筑学突出，属于"建筑老八校"的成员。具体可以参考全国学科评估结果，评估结果为A+，甚至全国第一的优势专业，非常建议选择。

南京大学的天文、计算机、戏剧影视文学、汉语言文学等专业都很强势。在好的大学读一个弱势专业，是会有学习资源上的落差感的，优势专业往往集结了全国的人才，对个人成长帮助非常大。

另外，南京虽然风景优美，坐拥无数古建筑景区，但是也有地域上的不足，南京的公司、企业没有上海那么多，尤其是互联网等创新行业，在南京这座气质古朴的城市，发展都较为缓慢。如果你希望拓宽视野，有更多实习工作机会，可以多考虑上海的高校。

剑桥大学：

抬起头，世界尽收眼底

✿ 黄志明

"泰晤士河上的罗密欧与朱丽叶"

建校八百多年的剑桥大学是英语世界中历史第二悠久的大学。早期的牛津大学里，经常有放荡不羁的学生和附近居民发生事端。1209 年，一名学生失手打死居民，市长不分青红皂白地下令处死他们，许多师生为了表示抗议，纷纷离开牛津，来到东边的剑桥，在这里建立了一个教学中心。于是一所新的大学——剑桥大学，就逐渐形成了。

几百年来，两所古老的大学在许多方面都非常相似，却也一直存在竞争，因此又被戏称为"牛桥"。

要说牛津与剑桥的竞争，一年一度的赛艇对抗赛就是两校较劲的最好写照。

牛津·剑桥赛艇 8 人对抗赛的起源很有意思。1829 年，两所学校有一对名字都叫查尔斯的好友突发奇想：既然剑桥和牛津总是彼此不服气，不如来一场划船对抗赛比个高低吧！

在当年 6 月，两校就在伦敦泰晤士河上展开了 8 人赛艇的较量。根据规定，前一年的失败者就是下一年的挑战者。心高气傲的牛津和剑桥人才不愿意承受这种屈辱，从此两校的"百年恩怨"也就拉开了序幕。

就这样，两所被河围绕的学府，在两位查尔斯的突发奇想下，从此与赛艇杠上了。为了调侃两所学校对赛艇对抗赛的痴迷和执着，英国媒体将其比喻为"泰晤士河上的罗密欧与朱丽叶"。

古老的三一学院

来剑桥大学，三一学院是必去的地方，因为这里拥有剑桥大学最优美、最华丽的建筑与庭院。如今学院中最古老的建筑可追溯到中世纪时期国王学堂所使用的国王旅

馆和钟楼。钟楼直到今天还在为学院报时。

当然，三一学院也是名人辈出，如培根、拜伦和牛顿等，学院的教堂里还有他们的真人比例校友雕像。

学院大门入口处有亨利八世的雕像，威严的国王左手托着一个象征王位、顶上带有十字架的金色圆球。等等，它右手举的是什么？你没有看错，雕像的右手举着的是货真价实的椅子腿。本来，亨利八世右手中握的是一柄象征王权的金色权杖，但雕像竣工不久，就被恶作剧的学生悄悄地把权杖抽出来，用这条椅子腿取而代之。奇怪的是，几百年来，剑桥人不仅放任不管，还津津乐道地不断向新生和游人介绍这个有趣的故事。

剑桥人爱恶作剧，也是有"传统"的。著名的浪漫主义诗人拜伦在三一学院读书期间也是出了名的恶作剧鬼。在学院的庭院中，有一个喷泉池，拜伦常常不顾禁令，偷偷地跑到那儿游泳。学院规定不准养狗，他便养了一头熊，真是一点儿也不安分！

看到大门右侧绿草坪中间的苹果树，你会想到谁呢？没错，就是大科学家牛顿。几百年前，一个苹果落到牛顿头上，从而启发他发现了万有引力定律。其实，启发牛顿发现万有引力定律的苹果树，是长在牛顿的家门口的。三一学院的这棵苹果树，是后来为了纪念牛顿而从牛顿老家的那棵苹果树嫁接繁殖来的后代。这棵使牛顿领悟到万有引力的苹果树，会不会也在你的头上砸出什么灵感？

古老的三一学院依然保留着许多传统，例如每天晚餐前，全体师生都必须一起祷告。另一项有趣的传统叫作"巨庭跑"，新生到校的第一天中午十二点，钟楼开始敲响时，需要围绕巨庭跑完一圈，看看是否能够在钟楼敲完24下钟声的44秒内跑完长达367米的庭院。即便是奥林匹克运动员，这也不是一件轻而易举的事情。

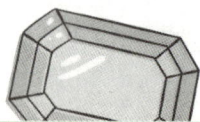

正经大学里的那些"不正经"事儿

在剑桥大学里,你还可以感受到许多新奇有趣的活动。现在,我们就一起来搜罗一下吧!

1. 厕所文学家,有味道的学术探讨

剑桥大学中规模最大、财力最雄厚、名声最响亮的学院之一——三一学院,某年盖了一个厕所。有趣的是,学校料到一定会有"厕所文学家"的出现,所以这个厕所的墙干脆按照"黑板"的风格设计,并且把现成的粉笔放在那里备用,于是"厕所文学家"大批出现。剑桥大学解决问题的方法真的是不拘一格的自由随性啊!

2. 剑桥狂欢节

每年的 6 月,剑桥大学通常都会进行为期一个月的剑桥狂欢节。这个充满活力和乐趣的活动表现了神秘和独特的英格兰文化。不管你是在校师生还是游客,都可以参加活动。

除了能欣赏到各式各样的表演,还有音乐会、文化系列讲座、创意竞赛等,这样一个大型狂欢活动,一定会让你大饱眼福!

3. 奇葩校规,来互相"伤害"啊!

剑桥大学有很多奇奇怪怪的校规,例如一个学生要在学院住多少夜,晚归可以跳墙,但不归是不能通融的;学生不许走草地,草地只能由院士走;更有意思的是,学生可以不上课,而教授要尊重学生不上课的自由……

当然,有些时候,校规也可以用来互相"伤害":在一次考试中,某个考生突然给监考老师出示了一份 400 年前剑桥大学校规的复印件,其中有这样一条规定,考生有权在考试过程中得到点心和啤酒。这位考生要求监考老师为他提供点心和啤酒,而监考老师无奈只能照办。然而三个星期后,剑桥大学却给这名考生处以罚款五英镑的处分,理由是在考试过程中,该考生没有按照校规携带佩剑。

4. "甜蜜"挑战,你来呀

如果你喜爱巧克力,那不如从现在就开始努力,向剑桥大学进击。因为剑桥大学将计划面向全世界招收巧克力专业博士生,专门从事巧克力方面的研究,这对巧克力迷们无疑是一个不可错失的机遇。

巧克力博士将研究如何让巧克力在温度偏高的环境下不会融化,并保持良好的口感。一边大饱口福,一边拿博士学位,真的十分"甜蜜",令人向往。

景德镇陶瓷大学：

外国人抢着来留学

✳ 詹世博

　　去过景德镇的人，可能会有一个相同的印象：外地人不少，外国人也不少。

　　之前，一则与景德镇相关的新闻曾经冲上热搜。新闻称，每年都会有很多外地人来到景德镇工作或学习，被称为"景漂"，而每6个景漂中，就有1个是外国人，这些外国人被称为"洋景漂"。

　　据统计，每年都有5000名左右"洋景漂"到景德镇，其中有老有少，有的是成熟的陶艺师，有的是刚刚入门的陶瓷小白，待的时间也有长有短。尽管肤色不一、国籍各异，但他们都有一个共同点：痴迷于制瓷手艺。

　　而这些外国人中，有不少是景德镇陶瓷大学的毕业生。起初，他们也只是来留学，没想到后来就成了所谓"洋景漂"。

　　那么，身处四线城市的景德镇陶瓷大学，到底有什么魅力能吸引如此之多的外国人来留学？

"论拉坯技术，美国教授还不如景德镇师傅"

　　Ken就是一个来自新加坡的"洋景漂"，他为了来中国学陶艺，和家里吵了两年。父母希望他能选一些有前景的专业，如医生、律师或会计，但是从小就喜欢陶艺的Ken对这些一点儿也不感兴趣。

　　那个时候，这所学校还叫"景德镇陶瓷学院"。

　　父母终究没能拗过Ken，只能支持他的想法。之后他陆陆续续收到一些大学陶瓷专业的offer（录取通知），其中包括澳大利亚国立大学和新加坡南洋理工大学。但Ken最终还是选择了陶大，因为"景德镇"这三个字。

　　然而一开始来到景德镇时，Ken多多少少有些失望。"我对它的第一印象，就是：土。"

　　"景德镇好歹也是个city（城市）啊，为什么当时给我的感觉还不如village（村子）。"Ken无法接受，一座拥有160万人口的地级市，却没有像样的娱乐场所。

　　他对景德镇的第二印象，就是辣。"我觉得网上说的四川辣、湖南辣、贵州辣，都没有江西辣恐怖。"Ken很多时候都只能自己做饭。"我的朋友也更习惯自己做饭。"Ken 口中的这些朋友，都是"洋景漂"，有的人已经待了十几年还没有离开。"因为真的喜欢陶艺啊，不然坚持不了这么久。"

在 Ken 的中文流利之后，他开始疯狂兼职。"我大二的时候，一周就可以做 60 个碗了。"Ken 的第一桶金，就是来自这些碗。他在大学就已经拥有 6 种身份：除了陶大的学生以外，他还是教育中心的志愿者、幼儿园英语老师、咖啡店老板、创意集市的摊主以及拉坯老师。

老实说，Ken 最初到景德镇的那几年，并没有对这个城市产生太多好感。以至于本科毕业之后，他直接选择去美国留学。但也是在去了美国之后，Ken 又开始怀念起景德镇这个"小村子"。尤其是创意集市里的那种生机，Ken 很少能在美国见到。

中国和美国的教育差别极大，美国的教授会更注重理念的培养，但是在技术这方面，陶大可以甩美国高校好几条街。"在景德镇随便找一个师傅，都可以（拉坯）拉过美国的教授。"

对于 Ken 来说，美国最缺失的，可能就是景德镇这种陶瓷氛围。也因此，在美国待了三年后，就算毕业后得到了在美国工作的机会，但 Ken 还是选择回到景德镇，做陶瓷培训。

"可能还是景德镇更适合我，去过美国后也知道自己真正想要什么了。"

"去了日本，
才知道陶大有多牛"

小顾和 Ken 是同届的，学的也是陶艺

专业。小顾一来就意识到，这是一个"万物皆可陶瓷"的城市：街上陶瓷的灯柱、小吃摊上时常可见的玲珑瓷碗，还有仿佛生下来就会在陶瓷上画画的景德镇人。

陶瓷专业的学生，在陶大的辨识度极高。"我们专业有一个很明显的特征：衣服都很脏。其他院校的妹子都很漂亮，穿着很精致，但是我们专业的同学身上都是泥点子。"

之所以会这样，还是因为大家都很拼命。"我们很难糊弄自己的作品，通宵做作品是一件再正常不过的事。""老师会教我们这个东西怎么装进去，怎么点火，所有的学生会围在炉边看火，有时候还可以顺便烤个玉米。"

陶大的烧窑课很有特色，"亲眼看着自己做的东西从一个泥坯，变成日用品，很奇妙。"第一次上烧窑课的小顾，还记得自己当时的感受。

小顾也接触过不少在陶大的留学生，他们来中国的原因有很多，但大部分都是因为父母喜欢古玩，或者自己比较痴迷中国文化。

本科毕业一年后，小顾就去日本留学了，学的还是陶艺。

小顾也是去了日本之后才知道，陶大有多牛。陶大在日本陶瓷界的名气很大，以至于她的老师或者同学都知道这所学校。而当小顾去拜访一些日本比较出名的陶艺家，他们得知小顾的本科是陶大时，会更愿意和她多交流。

也是去了日本，小顾才知道陶大的教

学环境、老师的培训以及景德镇的老师傅，对自己在陶瓷方面的学习积极性有过多大的帮助。"日本这边的设施和氛围就会差一些，没有人帮你，可以说是孤立无援。"小顾举了个很简单的例子：当你想做一件很大的作品时，肯定需要有人一起帮你抬泥巴，但是日本的文化就是尽量不给别人添麻烦，所以遇到类似的情况，小顾只能自己想办法解决。

"我觉得在国内读陶艺还没有那么辛苦，出去之后反而很累。"在日本待了3年后，小顾就回国了。因为身体的问题，小顾没有再从事与陶瓷相关的工作，但她现在偶尔也还是会去陶吧教别人捏泥。"我不会完全丢掉，陶大的熏陶对我影响是极大的，我几乎每年都会回景德镇一次，忍不住看看这个行业有哪些新的动向。"

景德镇陶瓷大学，
一所被严重低估的高校

几乎每一个"名字奇葩，实力绝佳"的大学排行榜上，都会出现景德镇陶瓷大学的身影，这所总是被误认为"野鸡大学"的高校，这么多年来确实受了不少委屈。

尤其是在2016年以前。那个时候，景德镇陶瓷大学还叫"景德镇陶瓷学院"，来景德镇的游客，有不少都会以为这只是一个技术培训学院，而且是不给发学位证的那种。殊不知，景德镇陶瓷大学一直都是一所正儿八经的本科学校，有时连一些非艺术类的专业分数都会超过一本线。

当然，这所学校最出名的，还是艺术类专业。入学门槛虽不及八大美院那么高，但也绝对不低，尤其是陶艺专业。其实，在中国，开设陶艺类专业的综合类院校并不少，艺术类院校更是常见，但"中国陶瓷界黄埔军校"的名称，却只有陶大能担得起。

景德镇陶瓷大学在1958年就有了陶艺专业，开设的水准就是本科。在很多985院校的设计学院都没有博士点的情况下，景德镇陶瓷大学就有3个一级学科博士点。

更值得一提的是，陶大的师生作品展，已经开到了法国卢浮宫、剑桥大学、希腊亚洲博物馆、法国大皇宫、纽约联合国总部等地……

这所高校的名气越来越大，想来陶大留学的外国人也越来越多。到现在为止，已经有3000多名留学生从陶大毕业。而这些留学生，来自各大洲的近60个国家。

哥本哈根大学：

碧海蓝天的 浪漫童话

✱ 郗归舟

和安徒生、哈姆雷特一起吹过冷风

想到丹麦，你的第一印象是什么？是童话王国，是悠闲时光，还是北欧清凉的天空和大海？或许兼而有之。丹麦的首都哥本哈根，是一座不折不扣的童话之城。这里有碧海，有蓝天，有无垠的风，有清澄的水，有冬日寒鸦绕过飞雪盘旋天际，有夏天海滩上长出的一茬茬欢声笑语，唯独没有太多城市的喧嚣。

哥本哈根这座城，坐落在海天之间。我初次乘飞机抵达的时候，从高空往下俯瞰，大片大片的绿韵和秀水如泼墨般晕染在大地上。城市中，最高的楼只有十三层，而且寥寥无几，所以我们学丹麦语时，老师会笑称十三以后的数字不必再学。哥本哈根曾有过光辉灿烂的历史，在街上随便一走，不期然遇见的一幢建筑，或许就走过了几百年时光。我轻轻地吸一口气，萦绕在肺腑之间的那股气息，仿佛还是当年安徒生、哈姆雷特、克尔凯郭尔们沉思时行经的冷风。

十八岁那年，我第一次来到哥本哈根，飞机一落地，扑面而来的倾城冷雨便将我浇了个彻骨寒。好在，我一出机场，就找到了一杯热可可让自己重又温暖起来。在热气缭绕中，我和店主闲谈。他告诉我，最热情的夏天已经过去，太阳开始西斜，光阴走向了一年当中长达十个月的寒冬和极夜。许多人会在漫长的黑暗中感到压抑，但哥本哈根人也有自己独特的排遣方法——浪漫与天真，童话与诗歌。

在荆棘和花瓣之间纵声高歌

哥本哈根人的浪漫是根植在骨子里的，那是一代一代积累下来的山河壮丽，在荆棘和花瓣之间纵声高歌。而我所接触的学子老师们尤是如此。我就住在哥本哈根大学南校区的校园中，据传，宿舍楼的建筑亦是名家手笔，晶莹剔透的建筑外墙像一颗巨大的琉璃镶嵌在地面上，推门就是湖，湖边就是海。

南校区是近几年新建的校区。在来之前，我曾不止一次地抱怨过，为何要将我一个学习古典学的人分配到这样一个现代

化的地方，而不是市中心有数百年历史、每一块红砖青瓦都写满了智慧与故事的老校区。可是当我来到这里，长风吹拂我的衣衫，海浪荡涤我的心胸，便什么都说不出来了。大海苍茫而浩渺，壮阔而包容，它可以治愈一切。

我们学校有许多小餐厅和食堂，但几乎没有固定的餐桌。人们排队买好饭，称重量付款，然后端着餐盘散落到校园各处，席地而坐，在草地上、湖水边、海岸线的礁石上，三三两两，谈天说地。教学楼里也遍布着一个一个拥有沙发、图书和暖气的休息角，可以吃饱喝足，再来一场好眠。吃完之后，需要把餐盘放到回收的小推车或者架子上，而这种小推车往往到处都是。以至于在很长一段时间内，我都觉得哥本哈根大学的餐厅清洁工是一种神奇的物种，他们不畏长途，满校园地奔跑，将散落的餐盘带回来，仿佛许多自由放飞的鸽子。

说到鸽子，那便和战斗力凶猛的鸡、大鹅齐名，是哥本哈根大学的"三霸"。鸽子会抢食物，鸡会在上课的时候到学生的窗外乱叫，而大鹅经常瞄准人的屁股。鸽子总是会被投喂，所以长得胖嘟嘟圆滚滚的，根本飞不起来，只会经常蹲在河边，严肃地思考鸽生。有一次，当我放学路过的时候不小心踩到了它的翅膀，这只胖鸽子懒洋洋地歪头看了我一眼，不仅没有屈尊挪动的意思，反而眼神发直，盯上了我手里的面包，可谓猖狂至极。

在哥本哈根大学，我首先学会了生活，然后才是学习。我在许多个午后，坐在图书馆里正对大海的位置，读一些羊皮卷、中世纪古书，一些拉丁文、古希腊文、古罗斯文，畅想着千年前的冬日，他们是否也曾跟我看过同一片碧海，见过同一缕夕阳，握住同一片月色。

理想主义者的皓月当空

古典学本就是冷门学科，又是丹麦语授课，我是全学院唯一的中国人。课程几乎都是 Seminar（研讨会）小课，五六个人相围而坐，你一言我一语，随心所欲地畅谈，思想的火花在空中迸溅如星辰。我的拉丁文老师来自赫尔辛格，莎士比亚笔下，那个忧郁深沉的复仇王子哈姆雷特一生所停留的地方。他是个很传统、很浪漫的丹麦人，第一节课全校都停了电，他取来蜡烛，放在中央，教我们拉丁语里的illuminare（光辉）这个词。

他说，"illuminare"不只是光，是黑暗中世纪长夜绝境中的一支歌，是信仰，是荣光，是希望，也是每个人心里都存在着的一种东西，会把我们都照亮。后来，我经常想起这句话，也终于明白了理想的真谛，找到了可以照亮我一生的追求。

随着时间推移，进入十月份，学期进程还未过半，凛冬长夜就已经到来。往往下午三四点就开始天黑，而第二日十一点才会天亮。所以我们每次上课，几乎都是黑夜。后来我搬了家，下课后甚至还要孤身一人穿行过大半座城市，身披满城灯火，回到冰冷空寂的房间。

这种情况很容易让人觉得压抑。更何况，古典学压力极大，大到近乎变态。丹麦的本科都是三年制，在这三年中，我们要熟练掌握拉丁语、古希腊语和一门现代欧洲语言，通常是德语或法语，再根据研究兴趣进行进一步的大量古籍阅读。本地人都学得磕磕绊绊，何况我一个丹麦语都讲得不太熟练的人，其中难度，不亚于只会拼写ABCD的老外一笔一画地开始学习文言文。

愿意学古典学的人，有一个算一个，都是纯粹为了满腔热爱，是理想主义者的皓月当空。所以虽然吃了很多苦，我倒也学得很开心，在埋头苦读中找到了乐趣。不过，等一学期快要结课，考试映入眼帘的时候，我就有些傻眼了。哥本哈根大学的大多数课程都是以一篇长论文进行考核，先将提纲送给老师过目，往往要改上这么几遭，要读的材料浩浩荡荡几十页，渺如烟海，想写出新意更是难上加难。

好在经历了一番据理力争，老师允许我用英文写作，不必再纠结丹麦语的佶屈聱牙。在论文季，我成了图书馆的常客，踏着海浪声来，伴着星月而走。图书馆的热可可、睡眠舱、小毛毯，是我整个漫长冬日的好伙伴。为了缓解学生们的压力，一批批毛茸茸的小狗不定时地被领入图书馆，让学生们可以在看书之余撸撸狗子，放松身心。

到考试结束，整个人也死去活来了一遭，世界又重新变得可爱了起来。到第二学期，我已经完全适应了这样的节奏，这一年，课程中又新添了一些田野实践课。欧盟成员国之间不需要签证，老师带着大家来了场"说走就走"的旅行。

我们去佛罗伦萨看过江山如画，去罗斯基勒看过史诗《贝奥武夫》发源地的萧条旷野，也在瑞典南部考察过许多的石雕和沉船遗迹。我和朋友笑说，明明是一群大朋友了，但一起背着小书包出发，就好像回到了小时候春游。这当然也是丹麦式浪漫的一种，容许我离开人间，在自然风光，在历史长河，宁静地安放自己的灵魂。

哥本哈根大学是这样的一个地方，平和恬淡，没有太多机遇和挑战，近乎与世无争。它从来不打算培养什么商业巨子、精英领袖，只是沉默地立在海天之间，容我埋头做学术，容我摘星辰点亮炬火，也容我携一身浪漫，醉万里星河。

同济大学：

又"土"又"木"

✽ 李彦臻

在全国"双一流"高校中，有个独特的存在——同济大学。它就像金庸先生笔下的山寺扫地僧：在不起眼的表象下，藏着许多值得细细品味的玄妙。确实，在高手如云的高校江湖中，它初看并不显眼。但很多人不知道，它可是个不折不扣的"基建狂魔"。什么东方明珠广播电视塔、北京奥运会乒乓球馆、环球金融中心、上海金茂大厦、上海中心……只要你敢想，它就能给你安排上！也正因为这一面太过深入人心，所以有些同济学子自称，同济又"土"又"木"。这中间，带着三分骄傲、三分戏谑、三分嘚瑟，还有一分唏嘘……

○○ —— **1**

作为一所百年名校，同济留下了太多奇妙的传说。

同济的妙，首先体现在其精湛的"技艺"上。同济混迹江湖，敢上华山与他校切磋，底气就是其出神入化的"武功"。说到同济的"技"，可以集中来看看 2018 年年底正式通车的港珠澳大桥。这座号称桥

梁界"珠穆朗玛峰"的大桥，全长约 55 千米，是世界上最长的跨海大桥。建桥时，为了避开伶仃洋中最繁忙的主航道，同时不影响旁边香港国际机场的航班运行，采用了桥岛隧相结合的方式。而如何实现沉管对接成了关系工程成败的关键。在深不见底的海里，如果将巨大的沉管放入，各节之间无法严丝合缝地接上怎么办？漏水了怎么办？对接好的沉管因为沉降歪斜了怎么办？这些难题放眼世界也很难解决。荷兰一家世界顶级的隧道沉管公司曾同意派 26 个专家提供技术咨询，开出 1.5 亿欧元的天价。该公司还表示爱买不买，回头中国人自己搞不定，再来找他们就不是这个价了。

士可杀不可辱，同济提刀应战。学校终身荣誉教授、"90 后"孙钧院士重新出山。他和其他参与项目的同济专家一样，常年奔走在工地、会议室之间。他讨论施工方案、修改细节，力求将一切做到完美。在施工过程中，他平均每年出差三十多次，跑十几个工程现场，只为在这片台风频发、水

流复杂、海底软基深厚的海域建成最稳定、安全、环保的桥梁。

在技术团队的不断钻研下，建成后的大桥能够抵抗 8 级地震、16 级台风。其沉管混凝土在 120 年之内不会出现裂缝或漏水现象，整体使用寿命超长！又一次，我们用实力打脸那些质疑我国能力的外国人。但是，与卓越的贡献相比，同济精湛的技艺不显山不露水。

李白在描写侠客时形容："十步杀一人，千里不留行。"在默默解决了诸多技术难题后，又一次，同济功成身退。它"挥一挥衣袖，不带走一片云彩"。

○○ 2

同济的玄妙，在其高超的"武功"，更在其为国为民的侠者之心。中国的大侠向来具有家国情怀。

金庸先生笔下的另一位大侠郭靖，在教导杨过时说："只盼你心头牢牢记着'为国为民，侠之大者'这八个字，日后名扬天下，成为受万民敬仰的真正大侠。"侠客同济，自建校之日起，就奔走在为国为民的崎岖之路上。"同心同德同舟楫，济人济事济天下。"风雨同舟，济国济民，是学校取名时的立意。所谓"知行合一"，同济人也是这么做的。

抗日战争期间，同济大学原吴淞校园被日军炸为平地，全校师生被迫内迁。但退守绝不意味着放弃，同济运用自身所长，积极开展"医工救国"的行动。战争一开始，医学院师生就迅速建立了红十字会临时重伤员医院。他们设了 120 张病床，用来收治淞沪前线的受伤将士和街上被炸伤的市民。医学院应届毕业生陈延华、钱章材等积极募集款项，开办了中国红十字会第十三救护医院。在那里也收治了 300 余名伤病将士和难民同胞。

全面抗战开始后，张静吾教授组织筹办了第一和第五重伤医院，夜以继日地为受伤的战士服务。

在工科方面，机械系的学生们前往各大兵工厂，从事武器的研制和生产工作。从枪炮到鱼雷、航空、坦克，这些当时的尖端技术领域，都充斥着同济人的身影。以至于，当时流传起"十军工，九同济"的说法。

○○ ── **3**

同济的高妙，还在于无论外面风浪多大，他都能不骄不躁、持守本心。70多年前，全国战火连天，但挡不住同济人钻研、进步的脚步。学校搬迁到四川宜宾的李庄，全校师生在这个相对平静的小镇潜心钻研，教学不辍。

著名生物学家童第周教授，就是在这里开始了中国最早的克隆技术研究。他借债买下一台德国造的旧显微镜，在煤油灯下做实验。在这样简陋的条件下，他取得了领先世界的生物胚胎研究成果，为我国的生命科学研究做出了不可磨灭的贡献。

也是在这一时期，叶雪安、夏坚白等测量界的领军人物，培养了大批人才。当时有人戏称："叶雪安教授领导的测量系，几乎垄断了中国对勘测员和制图员的培养。"

同济能在纷扰的红尘中坚守本心，离不开其诗书酒肉、快意江湖的洒脱个性。

○○ ── **4**

中国人爱吃，同济人也不例外。在上海大学圈一直流传着一句话："玩在复旦，住在交大，爱在华师，吃在同济。"吃在同济，首先是因为同济食堂多，且菜式各具特色，物美价廉。

在一瓶矿泉水都要两三块钱的当下，火出圈的同济大排只要两块五。可以说，大排是同济想要"大庇天下寒士"的江湖气的集中体现了。学校官方开设"同济大排档"，提供各种夜宵：小龙虾、冷菜、四川卤味、烤鱼、麻辣烫、炒菜、烧烤……学生们可以喝着啤酒唱着歌，在"最好的年纪"挥斥方遒，畅谈理想和未来。

傍晚，会有不少在日常琐碎中忙碌了一天的青年，选择诗意地"栖居"在湖边、在情人坡上、在国立柱下……他们躺在草坪上，仰望星空，探讨诗和远方。阿城说："所谓思乡，我观察，基本是由于吃了异乡食物不好消化，于是开始闹情绪。"多少同济学子在离开学校之后，吃着仅供续命的外卖，怀念着母校的味道，闹起了思乡的情绪。我想，此时此刻，作为游子的你也一样吧。

南京审计大学：

做一名合格的南审人

✳ 橙　西

南京审计大学（Nanjing Audit University），简称南审（NAU），位于江苏省南京市，是全国唯一一所以审计命名的大学……不对，重来！

1

"哥，我居然被南审录取了！不过，怎么是法学专业？我记得都是审计学、会计学、金融学这些啊。"我兴冲冲地跟哥哥报着喜讯。

我哥一脸得意地说道："根据往年录取的排名，果然判断得不错。至于专业嘛，我来看看，你是踩线进学校的啊，那应该是专业调剂了，幸亏我让你选了服从调剂，咱们毕竟不是动态报名，平行志愿只能抱着试试的态度了。正所谓，一志愿报高，二志愿求稳，三四志愿保底。"

我有些失落地说："那咋办啊？"

哥哥胸有成竹地说："不慌不慌，根据可靠情报，你可以通过转专业的方式换专业，听说南审有很多'字母班'，看来你得学学英语才能报啊。"

"收到！"我信心满满地回复。过了几天，我便收到了南审的录取通知书，附带开好的银行卡、学生卡以及绿色通道介绍。绿色通道主要是为一些需要在经济上寻求帮助的同学开设的。换句话说，同学可以在当地申请助学贷款或者通过学校申请，如果入学当天暂时无法获得经济支持，可以通过绿色通道先办入学，后交学费。

2

到了入学当天，爸爸陪着我坐动车一路坐到了南京南站，学校给我们安排了校车，很快，我和爸爸便到了南京审计大学，当时还叫南京审计学院。

南审在我入学时正值校庆，因此刚刚翻修，据说请的是设计北京世博园北京馆的设计师。南审全貌成"七星北斗阵"，图书馆名"得一"，取自《道德经》，环水而立，六大教学楼分别名为"敏达""敏行""敏知""竞秀""竞慧""中和"……

当然了，南审并不是徒有其表的"花瓶"大学，它设有政府审计学院、会计学

院等21个学院（教学部），国家审计研究院、审计科学与技术研究院等6个特色研究院；被国际内部审计师协会（IIA）认证为中国唯一的"内部审计教育伙伴"（IAEP）合作级高校；被英国特许公认会计师公会（ACCA）评为"全球培养ACCA人才最多大学"。这里每年都会汇集一些高考分数直逼985大学录取分数线的学霸，他们毕业后常年活跃在四大、八大等会计师事务所。

另外，这里还有我相对比较了解的金融学院，包括金融学、投资学、信用管理等，在金融学院最不容错过的大概就是"模拟操盘大赛"，这是立志成为华尔街大鳄的同学必不可少的小白入门级比赛。在大四时还会学习一些金融人士专业实训，例如K线图分析、商业银行授信模拟、点钞等。由于南审早期以金融为主，因此有许多金融机构尤其是商业银行的校友，所以很多同学毕业后也顺利地去了各大银行。

3

我入学时所在的学院是法学院，来了之后才发现原来法学院还有自己的"模拟法庭"，学习专业课的同时还可以体验模拟法庭，高年级的同学还会亲临法院进行旁听。不仅如此，在大三的时候法学院的同学会充斥在校园各个角落，当然这并不是因为他们组织了什么秘密活动，而是因为他们即将迎来司法考试的挑战。

法学院的学姐学长们辩论口才也是一绝，几乎稳居南京高校辩论赛的第一名。学校每年最热闹的活动之一便是南京高校辩论赛了，每年开赛时可谓"一票难求"，看比赛的人都排到了学术报告厅外面。有一年，因为请了同在南京的陈都灵作为决赛主席，现场都有些控制不住了。毫无疑问，法学院的辩论社也比较难进，比小说情节有过之而无不及，不过有才华的人都应该被认可。

当然，这并不意味着只有政府审计学院、金融学院、法学院才有大佬的身影，还有经济学院、商学院、公共管理学院、统计与数据科学学院、信息工程学院、文学院、外国语学院等，兼具文理各大专业。

同时，也并不是只能在图书馆、教学楼或者学术报告厅才能一睹大佬的风采，他们还可能活跃在健身馆、新生晚会甚至是小吃街等地，因为学霸也是平凡的人，他们只是因为专注于自己热爱的事情而变得熠熠生辉。

4

每一个南审人，不管是文科、财经还是理科的同学，都会学一门与专业相关的审计课程，例如金融审计或是信息审计，毕竟我们都是"审计人"。

这里就必须提到学校的两次换专业的机会了。如果想报考会计等专业，在大学入学时就可以选择是否报考，会有宣传单详细介绍，但是费用较高，需要一定的经济条件。另外一次机会就是在大一学年末，根据在原专业的排名百分比，可以选择是否转专业，例如想要转到审计专业需要在原专业排名至少 3% 以内。

成功转专业的同学在大二才会去新的班级，新专业没有学习过的课程，需要在毕业前补修，也就是说需要一边跟着其他同学继续上课，一边在空余时间跟着大一新生上课。当然，热爱本专业的同学通常会选择继续在本专业学习。

5

在南审，无论是校园活动还是学习竞赛都很丰富，学生组织、社团招新集中在大一下学期的"百团大战"，也有一些组织在军训时就会开始宣传，如街舞社、吉他社等。如果没有特长也没关系，这里有大学生英语竞赛、建模大赛、创业大赛，还可以参加一些学术型组织，跟着老师一起搞科研做项目，有自习室、通宵图书馆供大家学习。

尽管图书馆和自习室经常座无虚席，不过自从图书馆实现了线上预约模式，妈妈就再也不用担心我抢不到座位了。不仅如此，还有 Wi-Fi、空调在学校各大教学楼、图书馆实现全覆盖。当然，如此优越的条件是为了我们更好地学习。

学校为了学生更好地就业升学，往往会对计算机、英语等级考试有较高要求，部分专业不通过英语六级考试、计算机二级考试就无法拿到学位证。当然，南审学子往往并不止步于此，他们还会参加各种等级考试，如初级会计师、证券从业资格证、银行从业资格证、基金从业资格证、普通话等级考试等。除此之外，图书馆每年都有大批书目购进，因此图书馆内有"大神"月读百书，丰富自己的知识储备。还有考公考研的学姐学长们，常常学习到半夜都不肯离开。

在南审学习会有一定的压力，但也有很多平台让南审人提升与成长。南审像一位深沉的父亲一般，期待每一位南审学子能够成功飞往更好的地方。

毕业多年，我始终忘不了，每一次太阳升起时，我走在宿舍通往图书馆的路上，身上暖洋洋的，明亮的阳光指引着我坚定地走在学习进取的大道上。不时闻到的桂花香，好似那些让人受益终身的文字。

大学记忆

高能量大学生活指南

厦门大学教授邹振东在给学生的毕业赠言里说：
"大学是用来回忆的，
未来你做梦梦见最多的地方，一定是大学。"
就在这四年好好享受大学带给你的光芒吧！
它将承载着青春记忆，在心头永不磨灭。

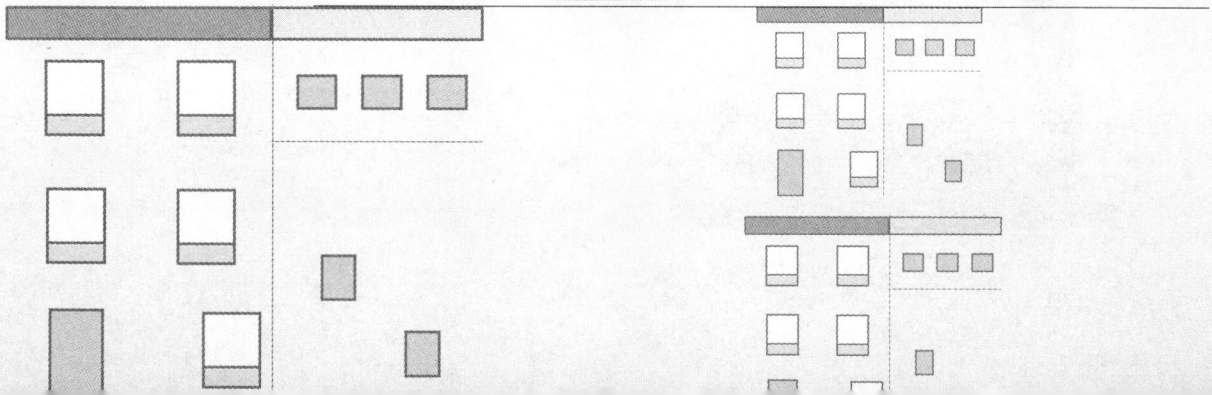

当你发现，大学全然不是理想中的模样

✿ 张佳玮

我上中学时，家长都哄我："上了大学就轻松啦！每天玩都行！"

老师们自然没那么信口开河，但也说："你们到了大学，就全靠自学了！没人管！所以现在得让你们懂得如何自学！"

小时候想起来，大学校园真是天堂。

成年了，没人管，想学啥就自己学；按照各色漫画电影电视剧，好像还有漂亮姑娘们可以追……哦不对，这行划掉；还有许多德高望重的耆宿、历史悠久的典籍，等着我们去拜访翻阅。真是人间仙境象牙塔。

我脑海里总浮现着拉斐尔那幅《雅典学院》的恢宏图景……

所以，后来，读了大学后，难免觉得有点落差。

当然，我那会儿读大学，自在倒是真自在——我大学除了混个学位，还顺便出了四本书，写了一堆专栏——但总觉得，大学不是我想象中那样，国之重器藏经阁，灵魂飞舞象牙塔的地方。

跟同学们聊起来，大家或多或少也这么认为：比起先前幻想的逍遥自在，大学总好像有些……市侩气。

我年长几岁后，也跟几位在大学任教的朋友说话。大概因为我是外人，朋友们也能放心感叹。都说去大学任教前，只觉得可以远离是非，教书育人，说不定还能研究研究自己喜欢的东西，何乐而不为："而且还有假期！"

真当了老师，麻烦了。考这个，评那个，开会开不完，唉！

"还好孩子们都挺可爱，不然真不想当老师了。"

钱钟书先生《围城》里写，方鸿渐去三闾大学读书前，也有过美好想象；真到了那里，方知即便是草创的大学，也还是派系倾轧、钩心斗角，一片乱七八糟，着实是个是非窝。

读书人做起缺德事来，尤其容易让人心灰。因为大家多少存着点心思，"追名逐利的都是俗人，读书人好歹做事格调高些"；所以真遭遇了类似处境，真有些斯文扫地之感。

有人疑问三闾大学是否指传说中的西南联大（我很希望不是），也有考证说三闾大学其实是蓝田师范。无论如何吧，可见以前的大学，似乎也有问题。

还是《围城》里，说过这句俏皮话："学生程度跟世道人心好像是在这进步的大时代里仅有的两件退步的东西"——可见早在那会儿，就有"一代不如一代"的说法。

但读《围城》，很容易发现，学校本身，好像也没那么美好？又或者，理想的大学，真的只存在于传说中？

汪曾祺先生回忆西南联大中文系时，说那里很是自在，很有人文情怀，对学生要求不严格，又很爱才。但西南联大毕竟过于特殊，所处境况怕也是空前绝后。那是北大清华南开的诸位老师凑在一起，所以能出汪曾祺先生这样的。

这样奢侈的传奇，搁现在，不太容易了吧——无论是人员、氛围还是师资力量。天时地利人和，才凑得起。而且不同时代的制度，很难通用。只能说，世事有应然与实然的矛盾。

在应然中，大学就该如我小时候幻想的那样，敞开大门随便进，学生尊师重道，老师关爱学生。大家其乐融融，不用考虑世态炎凉，热心讨论各色形而上的东西。实然就是，如今的大学，老师们得考这评那，不停上课，收入似乎不算高；学生们除了学习自己的兴趣，也多少得考虑一下生计。

我知道许多考研的少男少女，未必多喜欢自己的研究生专业，只是想给自己加一点就业竞争力，以及——大家都不太好意思宣之于口——"在校园里躲久一点"。

毕竟在大家想象中，校园，无论多么不符合幻想，多少还是个避风港。

说句会招人不满的话：

我不太相信学校与学生的必然关系；

也可以说，我没有那种所谓"母校就是我，我就是母校"的捆绑荣誉感。

像我高中时，学校曾以出过钱伟长先生自豪，那会儿都宣扬本校该出优秀的理科生。理科差得一塌糊涂的我，一直深感惭愧，觉得自己不是个合格的母校毕业生。但回头一想，也没法子。毕竟从钱先生毕业到我入校，过了半个多世纪了。万物皆流啊，何况学校呢？

我跟美国朋友开玩笑说，美国人报母校，有点像我国古代报郡望：我清河崔，我琅琊王——如此颇有上流社会圈子之感。但可能我不是那阶层的人，所以也不会觉得自己跟母校有啥荣辱与共之感。

马三立先生以前开过玩笑：说起马，那就是马超马援，都是名将，很威风；说起马寡妇开店，不认识，同姓各宗！

那，作为一个大学里拿了自己不喜欢专业的学位、大学里写东西到现在、29岁那年又跑出去读些其他乱七八糟学位的人，我是这么想的：

从一开始，就别对大学抱太高期望：这毕竟是一个人间机构，不是天上洞府。就把这个当作一个纯校园（义务教育阶段）和社会（职场生活）之间的缓冲带，当作成年的开端吧。

对许多年轻人而言，因为上大学，他们才有机会离开家，去另一个城市生活。

对许多年轻人而言，大学文凭就是一个入职敲门砖，可以保障他们之后的生活——不学术，不高雅，但很现实。吃饱了饭才能做学问。

对许多年轻人而言，大学生涯不单是用来学知识的——大学那点课真拼命学的话，用不上四年——而是用来脱离校园，慢慢接触现实的。

你可以做任何想做的事，包括试错，而且依然不必接触社会最残酷的那一面。

大学里再怎么困苦焦虑，你依然是一个学生。

就像游戏里的新手村，你别抱怨难度不够高，这里是让你熟悉一些基本技能，享受一点放松氛围，如果愿意还可以练练级的地方。如果你觉得难度不够高，还可以自己找点挑战。

以及，自立的一个最重要元素就是，别真把自己跟学校绑一起。你毕竟是个自主个体，是来这里学东西的，而非认祖归宗的。

这世上，其实从来没多少真正远离世界的象牙塔——去跟读研的师兄师姐喝杯酒，听他们叹叹气就知道了——但身在校园里的你，还是有机会选择自己的学习与生活方式。这才是自立的真正含义：不是做学校或其他地方教你去做的，而是做你自己真正想做的。

真正完整的自己，最后还得是自己做出来的，不是学校教出来的。

考上北大研究生后，最常被问的问题是"那你本科是北大的吗"？

通常发生在初次见面，我能感受到对方的期待，我能猜测到对方已经备好了夸赞之词。但，我不得不将对方的期待打个折扣，"不好意思，本科不是北大的"。

出于惯性，对方一定会追问"那你本科是哪儿的"？"小学校，没什么知名度。"对方觉得你谦虚，或者想为你挽回点颜面，"你说说看"。"西安建筑科技大学华清学院。"

"哦。"

最怕空气突然安静……对方的确没听说过，但不忘客气地恭维一句："那也挺厉害的。"

◇ 1 ◇

我想这史诗级的尬聊一定不只发生在我身上，因为它太日常了。所有考上"×大"硕博的都免不了要被问"那你本科是×大的吗"。

你想不明白，本科是哪儿的重要吗？当然重要。这涉及你在对方心中的定位，是一个999K纯金学霸还是银鎏金或铜鎏金的学霸。或许也涉及对方对自己的心理定位。

曾经有位外校同学得知我本科学校后对我说："原来北大的生源已经差到这种地步了！"我不知道他是故意还是无意说出这句话。但好一阵儿，我都感觉到抱歉，尤其对我们专业41位同学中17位来自北大本校的同学，和其他来自复旦等名校的同学。我想会不会因为我的努力，因为我考上了北大而给北大抹了黑。如果是这样，那我宁愿去黑隔壁……

其实本科时我就很怕别人问我学校。我于2009—2013年在西安建筑科技大学华清学院读会计学专业，学校名字很长，12个字，一口气说出来有点缺氧。简称也很长，"西建大华清学院"，说的时候未免底气不足。特别羡慕名字短的学校，比如西安交通大学，简称"西安

对不起，我本科不是北大的！

*丁鹏

交大"；北京大学，简称"北大"。短促的句式比长句更有效率，也更有力量。

◇ 2 ◇

我本科学校是独立学院，也就是三本院校。虽然设在西安建筑科技大学名下；虽然全部师资都和校本部共享；虽然全部专业都在陕西省二批次招生；虽然现在国家倡导全国各省份尽快取消一、二、三本院校的划分。但占全国高校总数高达四分之一比例的独立学院与民办大学，仍处于并将长期处于中国高校鄙视矩阵本科生链条最末端。

我有三本学生最常见的那种自卑。甚至在别人问我学校时，回答过西安建筑科技大学。后来发现这么回答不仅有撒谎的心慌，还挺人格分裂的。甚至我都没参加过招聘会，因为听说招聘会不让三本的学生进。我本科毕业的工作是网投的，第二天就通知我去面试，面试的时候 HR（人事）看到我是个活的就问我签不签。我看是个中字头企业说出去也不算太丢人，就签了。干了一年，月薪从 1750 元涨到了 2800 元，涨到 2800 元的那最后六个月押了我六个月工资。我天天担心公司倒闭，就干脆辞职考研了。

研究生复试时，一位考官问我本科是哪个学校的。我回答是一所三本院校。考官就没有再问下去。读研以后和同学交流，才明白老师可能只是想问一下师承，既然我从会计学跨文学跨这么远，也就没有再问师承的必要了。辞职 11 个月后，我拿到了北大研究生录取通知书。拿到通知书

我很忐忑，虽然老师们没有因为我的"出身"拒绝我，但入学以后我能融入那个精英的环境里去吗，我甚至为此焦虑到在知乎发帖子，问三本考入北大却担心无法融入怎么办？下面有一条回复是，"你能这么问表明考上北大也就是你人生的顶点了"。我感谢当面给予我的所有批评，无论是温和的还是刻薄的，批评才是人类进步的阶梯。

◇ 3 ◇

确实是我自己想得太多、格局太小。我以为会有江湖中传言的那种鄙视链，但开学以后发现园子里的人在自己钻研的领域确有舍我其谁的傲骨，但在为人上却很谦恭。所谓鄙视其实是来自外界的，当我第一次看到那句著名的"一流的本科生、二流的研究生、三流的博士生"时，我惊恐地对我的女友说："怎么办，我成二流了。我要是再努力努力，考上博，就成三流了！"

对不起，我本科不是北大的！在通识教育上，我实在比北大本科毕业的同学差了一大截。但在专业领域，我用右手拍着我的左胸说，还可以。

在创作上，我的确像中了邪一样地笃定和坚持。我小学一年级无师自通地给女生递纸条，小学五年级，我情书已经能写出得意之笔，就是每次被学妹撕了以后都有点儿心疼。初中一年级，我立志成为一名作家，尤其酷爱写诗，每次写完都拿给语文老师看，语文老师不胜其扰，就和班主任举报我有早恋迹象，害我被找了两次家长。

高中时我砥砺前行，成绩从高一第一学期期末的年级第 16 名降到了最后班级吊车尾，感谢班主任王剑鸣老师对我抱有不切实际的幻想，没有把我从快班轰出去。高中二年级我开始发表作品，也获了全国中学生语文能力竞赛高二组三等奖。高考时我数学超常发挥考了 62 分，模考时最低考过 30 多分；语文发挥失常，考了 119 分。

高考没报汉语言是因为我的成绩只能上三本，三本的学费比较贵，我要哄骗我爸继续供我读书，只能"曲线救国"。我报了会计学然后忽悠我爸这个专业最火，三本出来也超好找工作。大一结束，我在我们校区注册成立了中文课文学社。当了一段时间社长后，我发现影响创作，就挖另一个诗社的墙角，挖来个副社长，让她接替我做文学社社长。此后，我就专心致志地搞创作。大学毕业时我加入了吉林省作家协会。2014 年春节，我没回家，就是月薪 1750 元那几个月，我住在月租 100 元的米家崖村喝着西北风，突然发现北大中文系开设创意写作专业硕士，其中一门专业课考写作，也就意味着这门专业课不用复习，因为我唯一会的就是写作了。就像抓住了一根救命稻草，于是我认真备考了一年，考上了。开学后选导师，我给张辉教授发邮件，简单陈述了情况，问张老师能不能接受我。等到的回复是欢迎，感谢我导！

◆ 4 ◆

研一结束，进行学生综合素质测评，我的学习成绩并不是最好的，但课外加分很不厚道地加满了，于是得了专业第一名，被评为北京大学三好学生。还侥幸获了北京大学专项学业奖学金、杨芙清－王阳元院士奖学金，两次获研究生科学实践创新奖学金，并在北京大学 2015 年度学生优秀网络作品大赛中获得网文类三等奖。

研二时，网教办的老师找到我，让我任北京大学"e+ 网络新青年发展联盟"网文组负责人。毕业时，我的毕业作品被评为优秀毕业作品。并以笔、面试第一的成绩考上了《诗刊》社编辑岗，与《中国诗词大会》第二季亚军彭敏师兄成了同事。8 月份，我成了中国作家协会会员，在追求梦想的道路上像少年一样奔驰。

我毕业了，仍然会反思我们的教育。龚自珍在一百多年前呼唤"我劝天公重抖擞，不拘一格降人才"，为什么今天反而发明出中国高校鄙视链，不知是教育的进步还是退步。对不起，我本科不是北大的！但我想我考上北大研究生应该没有给北大抹黑，毕业后我仍然会坚持梦想，不辜负北大的培养。我永远感激这段经历，感激北大校园乌托邦一样的开放、民主和理想主义。对不起，我本科不是北大的！但我的本科也是我的青春，也是我一生的财富，也是我的母校，我同样热爱它。我不会因外界的影响而妄自菲薄，也不会因外界的影响而数典忘祖。

曾经，我考北大，是为了摘掉三本的帽子，但如果仅仅满足于这样我就辜负了北大对我的培养。北大教会我的是自信地戴上三本的帽子，这代表一个人拥有了独立的思想。

❋ 奶黄包超努力

来源：公众号"学霸助力所"

大学快毕业了，可我真的好后悔

5月16日，我毕业论文答辩，两篇论文皆顺利通过。

时间快到不可思议，明明昨天我好像才刚刚开始写论文，在家里鬼哭狼嚎地觉得论文永远完不成，今天我却轻松解决好一切，提着大包小包的行李离校。

我从来没想到，大学要毕业了，我竟然会这么难过、这么后悔。

01 渴望毕业的大一大二

大一大二的时候，我非常渴望毕业，我觉得大学实质上不能给我带来什么，我要毕业工作，我要赚钱。

那时的我，觉得身边的同学都很幼稚，我把心思全放在发展自己的副业上，几乎没有社交。我以我的孤单为荣耀，甚至写过"大学第一课，是学会享受孤独"这种类型的文章。

除了学校我认为能获得奖金的比赛，我几乎不参加"无用的"活动，从大一下学期开始，我更是不属于任何学生社团和学生组织，我认为那是很无聊很没有用的。因为当时的我很喜欢思考"意义"和"好处"，做这件事有什么意义呢？做那件事对我的未来发展有什么好处呢？

但今天的我想，为什么一定要追求意义呢？为什么一定要讲求对未来的好处呢？和大学同学一起出去玩，单纯地享受校园享受青春，就算对未来没有实质的意义，也是一件快活的事不是吗？何必锱铢必较"意义"？

人生并不是只有意义与好处，虚耗却快乐的时间也是人生重要的一部分。

02 校园里的那些人

从去年大三结束离校，我一直到今年

4月底大四下学期，毕业生体测清考前一天才匆忙回校。

原本，我对回校这件事是很厌烦的。我不知道回校我要干什么，我更倾向于待在老家上班工作。而回校后，我的想法却大大发生了转变。

我跟我的几位同学好友吃了饭，都是我非常好的朋友。临近毕业，大家都处于不同的人生岔路口上，我聆听他们的选择，或为他们开心，或为他们难过。但我始终相信，我的朋友们都会过上最好的人生，因为他们有勇气，也有能力。

我本来以为这次回校主要是老友叙旧，没有想到，竟然还幸运地认识了新朋友。我在某次剧本杀中跟小红、小蓝、小龙认识了，三位都是我财大的同校同届同学，后来我们又陆续玩了几次剧本杀，吃了一两次饭。

小红给我的印象很深。他是我见过最有旺盛生命力的朋友，我所说"生命力"的意思是对于生活中很微小的事情都抱有热忱与分享欲，这与我是很不同的，我对于生活中很多微不足道的瞬间在大多数时候都兴致缺缺。我缺乏这种重要的品质，所以在我这里，"很有生命力"是非常高的评价。

在我离校的前两天晚上，我们在东门的天麻鸡餐馆吃了饭，我很认真地倾听了小红同学对未来的规划，少年的眼底似乎有光，谈起未来的时候手舞足蹈，言语之间充满着沸腾的热情与野心。他对梦想的期待让我瞪圆了眼睛，那一瞬间，我觉得

他这副模样让我无比熟悉。

因为我小的时候幻想的大学生模样就该是他这样的，如此真诚、一往无前。我深深被他感染，也忍不住想：也许未来某一天，已经成功的我们，会想起很多年前的这个平凡的晚上，然后感慨，平凡又是多么的不平凡。

他们一定都会成功的。

那天晚上回到宿舍，我的心里是从未有过的怅然，我很高兴能遇见新的朋友，但我同时又很遗憾。我真希望能跟这些朋友们在我年纪更小的时候结识，比如我大一大二时。但我又想，也许大一大二的我并不喜欢这样的朋友，我现如今看重的赤诚与热情只会被当年的我看作幼稚与不成熟。

所以一切，都是最圆满的缘分了。

03 校园生活

离校的前一天晚上，慧园超市门口在搞夜宣，有学生乐队在唱歌。大一大二时，我从来不屑为这样的活动停留，但那天我破天荒地，站在那支乐队面前，挤在拥挤的人潮中，看完了整场演出。

这样热闹纯粹的校园生活，以后是不是不会再有？

我好难过。

我发现原来我身边的校园如此美丽，身边的同学如此好，我如此地热爱校园，我如此地珍惜这里遇到的所有老师、所有

同学。

04 毕业论文答辩

时间来到今天，5月16日，我的毕业论文答辩的日子。

论文答辩比我想象中更简单、更快，经济学论文和管理学论文共两篇，打印出来的纸张很轻，却真的很重。

毕业论文答辩老师看到了我的致谢，由衷地对我说："你走到现在真的很不容易啊。"

我只是笑。

我当时在想，时光真是神奇啊，那短短的两篇论文竟然概括了我生命的21年。从出生到现在，我竟然已经跌跌撞撞到21岁了。

我们那组15个人全部答辩完成，去教室外面等待结果。

我和玺悦、继贤在一起聊天，讨论现在与未来。我发现她们都是如此勤勉、可爱。我又开始难过了，她们都是我的同班同学，我在大学跟她们的接触和交流却非常少。我大二出国交换，大三回学校，跟同班同学似乎总有一层隔膜。可是如果当时的我能够再主动、再勇敢一些，是不是会有更多珍贵的朋友了？

我觉得大家都太好了。

教学秘书把大家叫回教室，答辩老师对我们所有人宣布："恭喜你们全部通过答辩！"

掌声响起，大学落幕。

我不是泪失禁体质，可我真的很想落泪。

离我要离校去机场的时间还有半小时，我发消息给贝贝问还要不要再见面。贝贝马上从自习室出来陪我去东门，我们吃了塔斯汀汉堡，贝贝请我，我举着上校鸡块的盒子，上面写着"福州塔斯汀餐饮集团"。

我说："塔斯汀是福州的企业。"

吃完塔斯汀，我跟贝贝拥抱告别，离开成都，回福州。

然后就到现在，回到目前的时间点。

我在地铁上哭个不停，下一站马上到天府国际机场。

我在后悔我为什么没有珍惜校园时光，为什么在刚进大学的时候认为与同学的相处无聊无趣，为什么要那么孤独被动，为什么从前总把社交当任务………还有很多很多。

如果我可以再勇敢、再主动、再纯粹一点，不需要有被人夸奖的"成熟"，只需要有大学生这个年纪该有的单纯肆意，很快乐地享受我的青春，结识很多朋友，凑很多热闹。

那就好了。

我年少的时候总是故作老成地同人讲人际关系不过是资源互换，殊不知有时交友的目的性何必那么强，只要快乐、积极、纯粹，不就是最好的一切？

大学里的交友不是任务，而是乐趣和青春。

而青春难得，大学校园一去不复返。

一去不复返。

我爱我所有的大学同学，我爱我的大学。

我爱大家。

在哈佛大学读书
是一种怎样的体验？

❉ Michelle

每个 10 分钟都要精打细算

我记得拿了哈佛 offer（录取通知），还在办签证的时候，学校就给大家都发了一本 *Survival Guide*（《生存指南》）。都是哈佛往届学长学姐的"经验谈"，比如，其中写，不要带自己心爱的小说，因为你根本没有时间去阅读它。有个学姐说，她带了 23 套内衣，刚好够一个月穿。

等我到学校的时候，发现时间真的很紧张，学习量非常大。我当时住在四楼，洗衣机在地下室，一开始还能做到一星期洗一次衣服。美国和中国不一样，没有阳台可以晾衣服，要花一个小时洗衣服，再到烘干机去烘一个小时，所以大概是两个小时的时间。

很快我就发现连一个星期洗一次衣服的时间都是没有的。我住在四楼，拎衣服到地下室再回来要 10 分钟；等到一个小时衣服洗好了后，再下去拎上来，又要 10 分钟。然后我需要把衣服再送去烘干机，来回又要 10 分钟。拿到干的衣服后，又要叠一叠，整理好放到衣柜，又得 10 分钟。

所以如果没有意外，每次都卡得很紧的话，至少也需要耗费 40 分钟。在哈佛一个星期要抽出 40 分钟太奢侈了。渐渐地，我内衣的套数越来越多，最后有 30 套！

不管你多优秀，
都有可能被淘汰

在哈佛读书的时候，所有的作业都是课前完成的，不管你学的是什么。很像是学游泳，先把你扔到游泳池里，让你自己扑腾几下，然后教练再来跟你说要怎么做。因为你之前已经有一些动作记忆了，所以后面再来练习的话，效率会更高。

大家都知道哈佛用的是案例教学，课堂上没有原则性的东西可以让你记笔记，都是非常灵活，根据案例的实际情况来的。但是每次上课之前我们都是累成狗，研究各个案例，和同学讨论，所以上课的时候效率极高。下了课都不用复习，因为记得很清楚，哪怕是现在有人跟我讨论某个案例，我都还记得什么事情发生在什么节点上。

当然这意味着，你一门课的准备时间非常长，每天下午 3 点钟下课后，就要开始准备下一节课的东西，每一个案例需要准备 2-3 小时，一天一般需要准备 2-3 个案例，也就是 4-9 个小时！

而且这还不是全部的工作，下午 4-5 点钟可能还要去参加公司在学校举办的 presentation（演讲），7-8 点钟会受邀和高管吃饭，再去参加公司的酒会等。你可以感受一下这个生活的节奏，每天都必须高效率地安排时间，都是以分钟为单位在抓时间的。除此之外，你还会希望有个人生活，比如参加一些社团协会。如果你还想在社团里有一些成绩的话，想象一下这些时间要怎么分配吧。

另外，在哈佛，有个规定就是每门课必须有 10% 的人不及格。那么不管你有多优秀，你只要在最后 10%，就意味着你要被淘汰。

因为这样一个淘汰制，每年班级里都会有人被退学。所以高度的压力，也是哈佛生活的特征。因为实际上班级里没有不认真学习的人，每个人也是极其聪明的，那么你就要时时刻刻往前冲，不能掉队。

不过实际上半夜四点的图书馆那一说并不存在，大家还是能够每天睡五六个小时的，本科食堂晚上还有夜宵，12 点的时候可以买到烤面包花生酱什么的。

每分钟你都在选择

哈佛大学给我们无数的选择，选课是一方面。哈佛的几乎所有学院都可以选，法学院、肯尼迪学院、教育学院……有 40 个学院，课除了哈佛自己的还可以去选麻省理工学院、塔夫茨大学的。

我有个学妹选了 MIT Media Lab（麻省理工学院媒体实验室）的课，商科出身的学生硬是搞了一年的编程，搞出一个机器人项目，还被评为哈佛商学院十佳创业项目。而且这些课是在前面说的节奏之下选的。每个选择都有代价，那么你就一定要学会做选择，以及有能力承担各种代价。

另外，个案研究教授也会逼着每个人表明立场，你不可以简单地说"我赞同双方的观点""双方的观点都有可取之处"，和稀泥在这儿是不被允许的。因为真实的商业环境，你就是要做个决定。裁员还是不裁员，收购还是不收购，抛售还是不抛售……

我后来做衍生品交易的时候对这个深有感触，你可能只有 1 秒的时间做决定（实际上大部分时候是只有 0.01 秒），然后下一秒你就会看到结果，赚钱还是亏钱，然后还不能带感情色彩地去做下一个决定。而这种决断力、承受力，也是在哈佛分分秒秒受到的训练。

关于选择，哈佛商学院还在坚持做一件很有意义的事情。我们毕业每 5 年都会跟学校汇报一下自己的近况，也是要写成一篇论文的。然后学校会选择其中一些分享给在读的学生。你会发现很多人活得非常艰辛。

我记得很清楚，有一个单亲妈妈，孩子患有先天性疾病，她仍然选择了创业。工作非常非常忙，有一天早上上班她儿子紧紧抱着她的腿，走了一个街区，可她还是上班去了。

这些哈佛学长学姐的真实经历告诉我们选择是件不容易的事情，可能会意味着沉重的代价，一个人不可能"忠孝两全"，既过着优越的生活，又可以创造奇迹，做改变世界的人。

哈佛的那些年带给我的改变

我感觉最显著的改变就是变得更加 "well prepared（准备充分）"了。以前还是蛮凭直觉做事情的，越到后面感觉自己会越勤奋吧。

很大程度上，也是受到同学的影响，他们不管是面试还是上课，其认真程度，让当时的我是十分惊讶的。

我觉得当竞争激烈到一定程度的时候，各个竞争方之间的智商层面是所差无几的，而最后那个比较成功的人，就是愿意比其他的人往前再走一步吧，而这一步，就需要准备非常充分才能够做到。

还有一点，就是我做一件未知事情时的自信变得更强了。

就好像做很多事情，你也不知道它最后结果会如何，但是在哈佛的经历促使我处理这类事情的时候，胆子变得更加大，能够基于已有的信息快速做出决策，不太害怕未知的不确定性，敢于去提出一些问题。这些对我来说是一个很大的变化。

怎样才能申请到哈佛？

理解和准备好实质的东西才是关键，形式上是去做义工还是去国外交换都不重要。

你一定很想知道你需要做什么，做多少。但你真正应该思考的是国外的名校到底想要什么人，为什么要这些人。

我有个简洁的概括：学校招你，是因为觉得你在某个领域是很有前途的，希望你能够在这个领域继续发展下去。在入学前，都是本科生，你没有世界级的成就，他就是看你这个人有没有潜力在将来做成什么样的事情。

这就是你在文书中，要给招生官看的东西。主要有以下几个原则：

1. 你是不是非常想在这个领域里做出成就？对它有没有非常高的热情？

有些同学可能 GPA（平均学分绩点）不是最高的，但是在喜欢的领域中却是有天赋的。比如学设计的同学，对设计有想法，也画得很好，GPA 可能不是第一名，但是通过在这一领域的展示，是可以获得招生官的青睐的。

2. 综合素质。

对于商科或者文科可能比较好理解，其实理科的话也是非常重要的。在美国做科研，不是一个人可以完成的，都是需要团队合作的。

那这些实质性部分，如果自己想清楚了，就可以选择自己的路径去加强和完成。比如说，真正有热情投身于公共事业的，可以去完全不知名的 NGO（非政府组织）实习，去理解第一线的中国 NGO 的情况，完全不需要跑到非洲，这样写出来的理解，反而容易被最一流的学校欣赏。

比如有的同学，将来真的想在商业领域成就事业，那么就应该抓住任何可以利用的机会锻炼自己的领导力，做社团等。对于学校来说，他们更在乎的是，当时你是怎么想的，在你的环境中，做得有多好。

我的大学生活是硬核喜剧

✿ 时 安

No.1

去大学报到的火车上，坐在对面的大叔问我："小姑娘，去大学报到啊？"我抠着火车车窗玻璃下的缝隙防备地"嗯"了一声不肯多说一个字。我第一次独自出远门，内心时刻警惕得很。

对面的大叔又问我考了多少分，我随口答："高了一本线十多分。"

大叔继续问："上哪所学校？"

我怕信息暴露太多，开始天马行空地撒谎："是个职校，报的本科没录上。"

从我撒了这句谎开始，火车上邻近位置的人都在真诚地劝我回去复读。还有位阿姨心疼地摸了摸我的头："父母很伤心吧，所以没送你去报到。"我默认地点了点头，周围都弥漫了同情的味道。

当然我也是后来才知道不远处有个戴着墨镜口罩、头上裹着玫红色丝巾仿佛智障的人是我的父亲。

出站的时候，邻座的几个人还在劝我："小姑娘，买票回家吧，过一本线十多分上职校太可惜了。"

No.2

到学校下了大巴，满眼都是帅气阳光

的学长，我甚是欣慰。可惜是一位学姐迎上来："小学妹，报到证给我，我帮你办手续，办完手续我送你去宿舍。"

我没来得及指身后远超 24 寸的巨无霸密码箱，以及我很想表达我需要并且希望一位学长送我去宿舍。

学姐办完手续回来，看到我身后的行李之后还是喊来了一位学长。我凝视着英俊的学长扶着我的密码箱拉手，往前轻轻一带，紧接着我的箱子"嘭"一声倒在地上。

我没来得及说箱子的一个轮子还在老家火车站的月台上……

学长只好抓住箱子的拉手，拎起来走。大概才走了不到 50 米……我又看到自己的箱子从空中掉了下去……学长的手中只剩了拉手……

最后箱子是学长一路抱到了五楼，嗯，公主抱……

No.3

太尴尬了，自然对英俊的学长不再有非分之想。学姐临走之前还在叮嘱我去买个新箱子，并且反复强调一个新的质量还可以的箱子真的不贵。

学长学姐走后，我边收拾东西边畅想着即将要朝夕相处四年的三位舍友会是什么样子的。最好呢，来自各个省，到时候特产比较丰富。最好呢，以前谈过几段恋爱，能在我每次春心萌动的时候给点建议，没错是每次，我有预感自己会经常性春心萌动。

低头认真思考的时候，有人进来，来人连个对视都没给，这是羞涩呢还是羞涩呢？我默默地继续收拾东西，憋了很久之后，才抬头轻轻地问了下："你是哪里人啊？"

"江苏江阴人。我叫迟佳，迟到的迟，上好佳的佳。"

我琢磨了三分钟以后决定还是告诉她："你一定大器晚成，因为你名字的意思是要很久才能好啊。"

迟佳终于不再羞涩，回我："我怎么觉得你的理解其实是我得了病……"

No.4

第三个到的姑娘一来就做了自我介绍。我和迟佳都在床上系蚊帐，只听到这个姑娘姓胡，早上就到了，先跟爸妈去了趟新街口。

姑娘说完就去阳台上找扫帚，迟佳好奇她的名字怎么写，下床走过去从背后喊她："胡建楞，你给我看看你的床卡，我看看你名字怎么写。"

三秒以后，姑娘一动不动。

迟佳只好伸手点了点她后背："你不叫胡建楞啊？"

姑娘先反应过来："我是说我是胡建楞（福建人）。"

迟佳："对啊，我没喊错啊，胡建楞啊。"

姑娘："……我叫林西遥。"

死一般的静默后是哈哈哈哈哈哈……

No.5

最后一个到的叫陆言言，说了一句她叫陆言言之后，就以迅雷不及掩耳之势爬上床摊席子躺平睡着了。

直到我们都收拾完毕，天都黑了。我们怕影响她，轻手轻脚准备下楼去吃饭时，陆言言从床上迅速坐起，十分怨愤地揪着头发嘟囔："好长啊……"

我退回来问她："你要不要跟我们一起下去吃饭啊？"话音未落，我就看到陆言言整个人直挺挺倒了下去。

我惊恐地指着陆言言的床位："我们以后睡着了不会被她掐死吧？"

……

不过直到毕业，陆言言都不承认自己会说梦话。

No.6

报到后第二天开始军训。

我是个在大型活动中包袱很重的人，包袱一重就容易出现同手同脚、左右不分、左脚绊右脚、平地摔等各种神奇的状况。

第一天站军姿。

教官："我看看谁还在动！一个个的不许动！那个，对，就是你（指着我），你再动试试！你听不到我说什么吗，啊？！"

我从牙缝里挤出一句话："我真没动。"

教官："还没动，你这些小动作我都看到了，晃来晃去的，别以为我看不到。（厉声）你给我出列，向前一步走，向右转！（更加严厉吼）右，右，右是哪边你不知道？！你别给我装疯卖傻！向后转！"

然后……扑通一声，我平地摔了……

教官："谁跟她一个宿舍的，举个手我看看。"

陆言言举了个手意思了一下。

教官："你解释一下，她这是什么意思？"

陆言言："帕金森或者喝醉了……"

全班哄堂大笑，教官也没绷住，全班获得了十五分钟的休息时间。

No.7

军训第二天练单腿站立。

教官："两分钟单腿站立，保持好平衡，谁放下另一条腿，就去跑十圈。"

30秒后，教官指着我大吼："你在干什么？"

我在地上单腿蹦着回应："我控制不住自己。"

我是真的没有办法单腿站立超过三秒，为了不跑十圈，我只能不停地在地上单腿蹦。

教官："《星语心愿》第一句歌词，大声说三遍。"

我："我要控制我自己……我要控制我自己……我要控制我自己……"

后来我们将《星语心愿》翻译成英文版作为我们的寝歌，开头是："I must control myself……"

No.8

我知道林西遥脚臭是在某个中午，午睡的我做了个噩梦，梦里一直有个老婆婆举着一碗臭豆腐追着我要我吃一口，说她的臭豆腐是在臭鞋子里闷了三天三夜

的……我吓得号啕大哭，我怕她接下来说出的更吓人。

我以前不知道从哪里听过一个有关臭豆腐的恐怖故事，情节大概是这样的：从前有个人嫌臭豆腐干不够臭，于是他放在鞋子里闷了三天三夜，还是觉得不够臭，最后用保鲜膜裹着丢到了茅厕里……

我含泪坐起来，看到林西遥的凳子在我床下，凳子上放着她的袜子……

No.9

月黑风高夜。

我和西遥上完晚上的选修课走了学校一条偏僻的路，在黑暗中，我看到了有人疑似便溺。就在路旁，我们很快就要走近。

西遥是我们几个中年龄最小的，出于大姐对小妹的保护，我开始非常用力地咳嗽，想提醒黑暗中的大叔赶紧尿完。

我甚至咳嗽得弯下了腰，那个大叔似乎还没拉上拉链，一直站立着，一动不动。

我咳得西遥以为我有哮喘，吓得搀着我停在路边跟我说："安安啊，我们去校医院吧，我感觉你要把肺咳出来了。"

西遥终于看到站着的大叔，也有些害怕，在我耳边低语："那个大叔好奇怪啊，倒完水还握着个杯子站在那儿干什么啊，好吓人。"

什么，倒水？杯子？我："那个，遥遥啊，我可能是有点着凉了，我们赶紧回宿舍吧……"

No.10

进大学没多久，班上就有了表白墙，

其他寝室也开始有人谈恋爱,我们寝室四个人都还没"开张"。

迟佳跟我说都没有被人搭讪过,觉得好遗憾。

我十分真诚地跟她说:"谁让你丑我丑大家丑,丑了一小寝,但是我可以让你体会一下被搭讪的感觉。你向前走两步,我走你后面。"

迟佳将信将疑地走了两步,我立马闭上眼豁出去了大喊一声:"哎,同学,同学,给个号码呗!"

然后我睁开眼就看到我侧前方还站着一男生,一脸微笑地看着我。

我吓得捂住脸:"不好意思啊,我逗我舍友呢。呀,我舍友呢?"迟佳已经路人般走了好远。

路人男:"什么?"

我:"我……我……真不是搭讪……"

路人男:"那你要我的号码吗?"

我撒腿就跑:"我不要!妈妈呀,好丢人啊啊啊……"

No.11

有一门课后作业是要做一个专题采访,母胎单身的我们抽到了恋爱专题。连选题都在嘲笑我们!

索性不列采访提纲,就瞎晃着找人提问。最先找到一个宿管阿姨愿意接受我们的采访。作为采访记者,我向阿姨提问:"阿姨,你觉得真正的爱情是什么样的?"宿管阿姨用一种近乎朗读的语气回答:"我觉得真正的爱是跨越性别和物种的。"

物种?我们所有人都吓得一哆嗦,阿姨为了出镜不要这么拼吧……回去剪辑时才明白,阿姨想说的是种族。

在男生宿舍门口随便找了一个男生,我问他:"同学,请问你对大学生恋爱有没有什么建议?"

男生回答:"我能有什么建议,我单身啊,你们能不能去找个有对象的问?"

我整个人都蒙了,还故作镇定:"方便说说你单身的原因吗?"

男生:"我知道我还单身吗,啊?"

我立马反身保护镜头朝他鞠躬:"对不起,真的对不起你!"

No.12

课堂上我们四个经常有高光时刻,中国文学史老师曾给予我们四个一个高度评价:"你看她们四个十分勤奋,一直坐在第一排,长得真是越来越好看了。"

因为文学史老师的评价很快传开,班上还有了传言说我们四个一放学就去图书馆看书复习。同学们有书要还到图书馆都要让我们带过去。加上我们四个考试都拿了奖学金,我们小寝在短时间内成了院里著名的勤奋宿舍。

直到大学毕业我们都没有办法和同学们解释,我们永远坐第一排是因为我们永远都是卡着点进教室,那个时候只有第一排是空着的。以及,我们确实是一放学就进图书馆,不过是因为我们嫌弃宿舍网速不好,看视频不方便。

还有,每次考试我们四个都拿奖学金可能是因为……智商……

他们喊着什么裸考啊退学啊，就收拾收拾去图书馆了

✽ 羿羿

1°

高中时代，每当我在课堂上昏昏欲睡或面对难到无从下手的圆锥曲线或者导数题目咬牙写下一个"解"字时，抬头看见黑板旁的高考倒计时，我想象着老师家长用言语构建的大学形象，幻想着咬牙熬过痛苦的高中生活，摆脱无穷无尽的重复练习、周测月考，成功渡劫，进入无人管束、自由自在的大学乌托邦。

然后最后一个无忧无虑的暑假彻底过去，即将十八岁的我步入大学，亲手戳穿大学的滤镜，深陷进真正的大学生活中。

如今已经成为研究生仍然坐在教室战战兢兢在"水课"上摸鱼的我只想说，看清大学的真面目，别再相信"上了大学就轻松了"的鬼话。

2°

一刻也没有为结束早起晨读、傍晚自习的高中生活感到开心，因为接下来到达战场的就是大学的第一道坎——选课。听起来赋予了大学生们极大自由度的"选课"，背后暗藏玄机。教务老师只需要在微信群里发布一则长长的"本科生选课必读通知"，就能引发一场新生们的兵荒马乱。

要根据专业培养方案自行安排，必修课已经固定只要照抄，但选修课的硬性学分要求让对选修课内容一无所知的我们束手无策。于是发动整个宿舍的人脉，这个去问学长学姐哪门课老师不点名，那个去学校表白墙发帖问"有没有结课作业少给分高的选修，求推荐"。这些口口相传的宝贵经验与推荐，却成了作为新生的我打破信息差的重要渠道。这一点，直到我在向学弟学妹们传授选修课秘籍说"这门创新课特别简单，实验有意思，只要做个PPT就有90多分；别选那个新工科历史发展，期中要写1500字，期末写3000字才给了80多分"的时候才意识到，自己已经因为大一时不好意思开口询问而踩了多少雷，走过多少弯路。

3°

读到这里一定有人问，选课真有那么重要，为什么老师不说呢？

恭喜你，你已经发现了大学中最关键也是最致命的环节——"老师不说"。在高

中生活中扮演重要角色的老师，在大学里退居幕后，成为我们的NPC（非玩家角色），职责是发布不同通知，等待我们自己解决问题。

学分是否选够、考试报名照片是否合格、评奖评优的信息表格是否提交……教务老师们会下发无数个"请核对""请自愿填报"，而我们能做的就是反复确认自己没有遗漏每一个重要通知，因为除了自己，没人对你负责。

在学习方面也同样如此。脱离月考、排名之后的大一，我在听不懂的课上玩手机、刷社交媒体，临到下课开始计划去哪个食堂抢饭，没课的时间在宿舍睡懒觉，早八的课起不来直接翘课。我抱着反正期末还早的心情心安理得地摆烂，然后在考试周来临的时候，望着三四篇结课论文、没翻开几章甚至不知道老师讲到哪里的C++（计算机编程语言）傻眼。

而计划中每天头悬梁、锥刺股白天进图书馆晚上再出只为学会C++的理想情况完全无法实现，我发现我已经失去了高三时为了学习一坐坐一天、晨读四十分钟背会一篇议论文一篇文言文的能力，或者说，大学带给我的"无人管束"感，让我失去

了长时间集中注意力学习的能力。

我不是女娲，一整个学期挖下的"天坑"也无法补全，于是最后我的C++还是就此挂掉，也在大一就为我敲响了警钟：你要逐渐形成自己的目标，可以间歇性摆烂，但不能失去自律。

④

其实不挂科只是拿到毕业证的基础要求，一个学期的惨痛经历已经让我明白，如果想要正常毕业一科不挂，就得提前规划，把握好"主要矛盾"。

而这个主要矛盾，就由你我的目标、梦想，或者职业规划来决定。大学四年就像一个巨大的迷宫，我们身处其中，四面八方都是路口，每一次选择都可能带领我们走向新的天地。但与此同时，这也代表着，我们拥有很多次选择与试错的机会。我在大二时决定未来要读研，于是我"洗心革面"，重新关注起绩点，修回了C++的学分，最后靠着大二大三的专业课分数将绩点抬进保研线内；大一的室友因为实在不爱学化学，在大一下学期就问好了转专业的政策，成功通过转专业考试与处在"四大天坑"

的我们告别；而我们班里毕业时考上选调、即将回家上班的男同学，在大三时还曾怀揣一颗进入大厂的心，在专业课上自学编程软件，最后却被实习时无休止的加班和高压工作体验劝退。

我们可以在迷宫里走错路，兜兜转转回到原点，但每一次走错路都是宝贵的经历体验，帮我们排除不适合自己的，找到自己最喜欢的。但在确定自己最终的目标前，请记得不要彻底摆烂，不然你可能一次次错过四六级考试，临到毕业一拍脑门想找工作，却被英语水平证书卡在门外；抑或学生生活还没过够想继续读研，但绩点排名已成定局，而距离考研只剩两三个月。

迷宫也有死路，尽早确定自己的方向，才能把握好重要的时间节点，实现"选择比努力更重要"。

⑤

这样听来，大学中似乎重重陷阱，关关难过。数不清的"水课"挤满课表霸占我们的时间，一个接一个的小组合作作业不仅要应对老师还要协调同学关系，必修课老师一学期讲一本砖头厚的书然后不画重点，PPT 汇报和论文提交的 ddl（最后期限）紧紧相连……

如果高考完我还能昂扬感叹关关难过关关过，进入大学我就只会苦笑如今是轻舟已撞大冰山。但无所谓，我会在大量的崩溃之间寻找少量的快乐，因为至少我的轻舟已经从潺潺溪流驶入广袤海洋，大学在无形中实在地托举着我，给了我更高的平台。

因为对新媒体感兴趣，我加入了学院的新媒体社团，在学长学姐的分享中学会了做推送运营公众号，发现从前想象中格外高大上的自媒体原来不过如此；因为高中繁忙的学业再也没有碰过小时候学的二胡，却在"百团大战"上被学校民乐团招揽，通过面试成了乐团一员，得到了一次次登台演出的机会。

在学业之外，大学给予了我们更丰富的资源，已有爱好的我们能找到更多志同道合的朋友，而想尝试新鲜事物的同学，拥有免费试课、足不出校就能拓展自我的机会。

我把社团生活看作大学生活中最多彩快乐的部分，因为年龄相似的大家在这里凝聚成一个整体，当我们第一次成功组织筹划了一场年终音乐会，当我们团建日一起轰趴通宵玩桌游，当我们结交新的朋友，然后拥有几个"饭搭子"不再孤单，我体会到了社团的功能与意义。

我将大学生活概括为大量的崩溃中存在着许多细碎快乐，因为学习是一个需要克服懒惰、保持专注的过程，至今我仍然无法因为学习得到多少快乐，但我会因为自己一周复习换来的好成绩而快乐，因为学会一项新的技能、参与一个新的活动而快乐。

等到考试周，我会一边抱怨这么多重点不复习了裸考去了，一边收拾好书走进图书馆。

因为我总相信，任何付出总会有所回报，大学也是如此，我们只要放轻松，快乐地去做自己认为对的事情，总会收获不错的结果。

1

或许是看过的那些抗日影片，或许是上过战场的爷爷讲的可歌可泣的英雄故事，让我从小就对军人这个职业充满了向往，一颗小小的梦想种子也在心底种了下来。

随着年龄的增长，小时候的想法大部分都已经改变，但是成为一名军人的那颗种子却长成了参天大树，所以高考结束后，在填报志愿时，我就把想报考军校的想法告诉了父母。

父母犹豫了，作为家中独子的我能明白父母的想法，就像黄埔军校那副对联所讲："升官发财请往他处，贪生畏死勿入此门。"军人这个职业不仅意味着坚守和平凡，至今还留在爷爷身体里的弹片也证明着这个职业还充满了危险，但是爷爷却非常赞同我去念军校，帮着说情，我也反复表达自己想当军人的想法，父母看我态度坚决，最后还是同意了我的决定。

军校的专业按大类分两种，一种是指挥类，另一种是专业技术类。指挥类主要学习指挥作战相关专业内容，除了大学公共课程外，大部分课程都在室外进行，毕业后主要从事基层管理工作。专业技术类大部分专业与地方普通大学内容相似，毕业后主要从事相关领域工作。

按军种又可以分为陆、海、空和火箭军，身体素质要求上，除了视力有些差别外，其余都一样，指挥类对视力的要求比专业技术类严格一些。虽然决定了要上军校，但对于上什么军校，学什么专业，我却没有头绪，当时受《士兵突击》这类特种兵影视剧的影响，最后我决定选择了一所陆军的指挥类学校。

听说军校对体能要求比较高，为此，我特意报了一个健身班。上学这些年专心学习，真的很少运动，特别是高中三年，我都不记得上一次跑步是什么时候了。

收到通知书的那天，我正在健身馆训练，得知消息后，我马上骑上自行车往家的方向飞驰，那时候的心情真有一种"春风得意马蹄疾"的感觉。翻开通知书的那一刻，最大的感觉就是如释重负。这些年的付出终于有了回报，也终于实

我 的

军校初体验

* 九九

现了自己上军校的梦想。

2

离入学报到的日子越来越近了，高中的同学们都开始忙碌了起来。父母带着他们到各个商场，开启了疯狂购物模式。因为他们不但要带被子褥子，还要把四季的衣服都带着，和他们相比，我就轻松了许多。因为学校不但发被褥，还发衣服，就连内衣内裤都发，保证够用够穿。夏天还会发蚊帐、凉席和毯子，冬天会发大衣。另外，最让我高兴的是我们不需要交学费，而且每个月还发津贴，这大大减轻了家里的经济负担。

当同学们还在家享受上大学前的快乐时光时，我已经收拾好行囊，准备出发了。在和老师、同学还有亲戚们告别后，我和爸爸妈妈就踏上了旅程。一路上我兴奋地看着窗外的风景，体验了许多第一次：第一次离开生活了十八年的家乡，第一次坐火车，第一次看见黄河，第一次看见长江……这些本来在课本和电视里的画面真真实实出现在我的眼前，让我大开眼界，也让我真切地感受到读万卷书不如行万里路。

我的学校在南京，如果你到过南京的话，就知道这个城市的历史文化底蕴是多么深厚了。时间在这个城市留下太多的印迹，夫子庙、总统府、中山陵、南京长江大桥等，每一个历史文化古迹都有一段难忘的历史故事。

3

火车经过两天的行驶终于到站了。一下火车，饱含水分子的空气就扑面而来，

南京的夏天又湿又热，而冬天因为不供暖，屋子里的温度比室外都低，这种气候让我这个习惯冬暖夏凉的北方人花了很长时间才适应。

学校离市中心很远，去学校的车穿过满是梧桐树的大街，再穿过炮弹打过的城墙、久负盛名的秦淮河，才终于到了我们的学校。校园里栽满了梧桐树，桂花的香气弥漫了整个校园，我们的学校并不是很大，却透着军校应有的庄严肃静。

沿着指示牌，一路向前就到了我们专业报到的地点。报完到，也就到了和父母离别的时候了。临行前，爸爸告诉我："从此以后就要靠自己了！"我看着爸爸妈妈点了点头，假装坚强地说："你们放心回家吧，我会照顾好自己的。"可父母走后，望着他们的背影，我再也控制不住自己的泪水，我知道从现在开始我不再是一个孩子了。

我们专业这一届总共八十人，来自全国各地，他们当中有的人高考成绩完全可以上"清北"，但为了军人这个梦想就报考了军校。其实，上军校光有梦想是远远不够的，还需要做充足的准备。如果你要问我到军校要做什么准备，我会毫不犹豫地告诉你要做好吃苦的准备，不单单是指身体，更重要的是心理上，从第一天起，考验我们的"痛苦"就接踵而至。

4

如果说穿军装是我们进入军校的第一件高兴的事儿，那第一件让大部分人感到沮丧的就是剪头发。不管以前你是多么飘逸的发型，在这里只有一个发型，就是平头。

望着纷纷飘落的"秀发",个别心理脆弱的同学不禁落下眼泪。没等从第一件伤心事中缓过神来,第二件伤心事就来了。和普通大学能够自由支配时间相比,我们的每日生活有严格的时间要求,什么时间吃饭,什么时间睡觉,都是按部就班的,就算是休息的时候去哪儿都要和班长打报告,同意了你才能去。这种完全无法自由支配时间的状态,让很多同学感到很压抑,包括我。

第三件事就是训练了。第一个月里除了思想政治教育,我们上午练队列,下午练体能,每天早上还要早起练习叠被子,为的就是把被子叠得更加整齐、更像豆腐块。为此许多人都会很早起床,虽然每天都很困,我也还是加入了"早起大军"。

虽然已经进入秋季,但是天气闷热得简直让人喘不过气,即使在本应该凉爽的清晨,简单弄几下被子全身就湿透了,汗水噼里啪啦地掉在被子上。就算这样,还是远没有达到标准。

每天,队长都会带着班长检查我们的卫生,检查我们的被子,不合格的就要利用休息时间重叠。我的被子每次都不合格,所以新训一个月,我中午从来没有休息过,都在叠被子。

其实,叠被子还算能接受,让大家感到绝望的是体能训练。对于我们这些从高中考上来的学生而言,之前哪有时间锻炼身体,一个个都弱不禁风,所以很多人跑步没跑多少米就跑不动了,单双杠也拉不上去。我在上学前锻炼了一段时间,好歹还能跟上训练的节奏。

训练的间隙,班长会组织我们唱军歌。

记得第一次唱《军中绿花》时,当我们唱到"亲爱的战友不要想家,不要想妈妈"的时候,我的眼泪再也抑制不住了,不停地往外涌,再看看身边的同学,也都一个个鼻涕一把泪一把的,"男儿有泪不轻弹,只因未到伤心处"。我想我们都是感觉军校太苦了,有些想家了。

其实,很多同学也是在这时候有了退学的想法,他们认为叠被子是形式主义,练队列和体能在未来战场也没啥用,军校的样子和想象中的样子差别有些大,不免后悔自己当初来军校的决定。

我刚开始也是这样想的,可参观过侵华日军南京大屠杀遇难同胞纪念馆、雨花台烈士陵园、梅园新村纪念馆等历史遗迹后,我的思想渐渐地开始转变,特别是学了党和军队建设历程后,我才真的发现我们的党、我们的军队、我们的国家能有今天的成就,真的是无数革命先烈前仆后继英勇奋斗的结果,更懂得我们今天的幸福生活来之不易,军人的责任重大。

经过一个多月的军校生活,我们渐渐适应了。皮肤虽然晒黑了,但是身体变强壮了;身体虽然受尽"摧残",但思想变得更加成熟了。军人那种坚忍不拔、不怕困难、甘于奉献的精神也在我们这些人身上有了影子。

常常听人说:"哪有什么岁月静好,只是有人为你负重前行罢了!"把这句话用在军人身上或许最贴切不过了。如果你选择军校,辛苦、危险等词语都会成为你的人生标签,但你的人生注定会是平凡而伟大的。

"拜托，大学不是让你来摆烂的"

———— ✽ 安 燃

1

职场上一直流传着这样一句玩笑：月薪三千你雇不到一个普通司机，但是月薪三千却可以雇到一个来自 211 大学的司机。是了，这正是现在大学生求职的真实写照。

"大学生实习"这个话题似乎一直都颇受关注，掺杂进各种情绪的观点的讨论里，还要数当事人最为热衷。尤其是对于在校生的实习，与其说是"专业实习"，不如说是"社会实习"——是让某些意气风发的大学生"闯荡江湖"；是让某些颓废度日的大学生被现实打醒；更是让某些胆怯单纯的大学生去尝试与探索。

2

说起我难忘的实习经历，还是在大一结束后的暑假。

考完期末最后一门，我便拉起行李箱直奔机场，满心欢喜和期待，最终在将近凌晨十二点时到达深圳，晚上宿在一个阿姨家，开启了我的暑假生活。

第二天七点起床赶去和 HR（人事）约好的财务实习岗面试，大概花了一周的时间，我成功地拿到了一家上市企业的

offer（录用通知）。

我想象中的工作是，在舒适的办公环境里，在自己的工位隔里啪啦地敲着键盘，时不时还可以喝个下午茶。现实生活是，每天四个小时的通勤让人幸福感唰唰地掉，灰头土脸地整理装订凭证，一个月后才有了自己的工位摸到电脑，工作多到手忙脚乱……

在校园里永远都是一边戴着耳机一边慢悠悠地散步的我，也在大雨天拼命地跑着赶回家的大客车，最后摔了一身泥；在校园里也算是心思细致的我，在职场上却犯了很多低级错误，让主管小姐姐训了好几次，只能红着脸说抱歉。

但是这段实习生活也真的改变了我。

微胖的我，从来不敢穿碎花裙子，怕一不小心就成了大妈。但在那个夏天我几乎穿遍了所有颜色的碎花裙子；厨艺界的"倔强青铜"，擅长黑暗料理的我，却和姐姐学着做了一个假期的精致便当；满级社恐、畏首畏尾的我，也终于自己一个人在医院进行了一整天的体检、跑各大银行办理业务，说起话来落落大方。

在辞职的第二天大清早，我又坐上了飞往北方的飞机，无缝衔接了新学期。直

到现在我还是会有点惊讶：当时自己竟有那样的精力。

3

这份实习让我真切地感受到上学的时光有多么值得珍惜。相比于拥挤闷热的公交和地铁，宽敞明亮的教室有多舒适；相比于劳心劳力地填报凭证，奋进自由地吮吸知识有多么美好。

当然也有很多人对大学生的实习嗤之以鼻，认为绩点高于一切，实习不过是充当廉价的劳动力。也有同学一脸不屑地对我说：大一什么都不懂呢，去实习能学到什么？工资那么低，完全是浪费时间。

实习可不能只盯着钱，早在出发之前，我就明确了我的实习目标：

（1）了解公司财务部门的日常，看自己对哪个岗位更感兴趣。

（2）懂得赚钱的不易，着实要好好改改自己乱花钱的毛病。

（3）体会社会上的人情世故，锻炼社交能力。

正如那句玩笑一样，大学生去实习确实工资低，可是成本也低啊。这个社会对大学生的宽容足以让你去大胆冒险和尝试。相比于假期躺在家里打游戏睡懒觉，到底什么更有价值？

青春就是用来拨开迷雾，遇见真实的自己的。弯路，谁也不能替谁走。探索自我，本就是贯穿一生的话题。

4

夜深人静的时候，我经常会思考大学到底意味着什么。

如果说是学校，但这里除了学术也掺杂着人情、不公；如果说是社会，但人人又告诉你学习最为重要。所以大学才充满无限可能，大学的黄金时期闪闪发光，它可以扮演你人生中的任何阶段，关键是你想怎么样去定义。

而大学生的实习也不过是其中的一个小光亮而已。你的收获，可能是明白了课本与现实的差距，可能是改变了自己的眼高手低，可能是磨去些学生味道的毛躁和扭捏，可能是窥见些社会的规则和残酷的一面。

真的希望在校的大学生有机会能参加一次实习。实习对毕业找工作的帮助可能只有10%，但剩下那90%的收益将播撒在漫长的一生。

曾是「逃犯」

✳ 相溶

一个高三每天雷打不动 5：30 起床学习，脑子里但凡有一点余地，都巴不得用考点和易错点塞满的学生，从没想过自己会在本地读大学。她更没想过自己会读汉语言文学或历史以外的专业，毕竟每次考试她的语文、历史总是遥遥领先。她早就打定主意，一定要在这些专业深耕，最好能念到博士，这个人就是我。

躺平万岁

2019 年 6 月 7 日，在考需要严格把控时间的高考数学时，我居然忘了戴上眼镜！因为看不清时间，我情绪崩溃，数学涂错答题卡，高考总分尴尬地卡在了本省 985 院校的那一档。

填报高考志愿时，我和父母争执许久，最终双方各退一步：提前批遵从父母意愿，填省内某师范院校的王牌专业，往年此专业在省内录取分数排名高于我当时总分的省排名，属于"冲一冲"的范畴，大概率是上不了的。本科一批次遵从我的意愿，填本省 985 院校的人文科学试验班，不出意外的话，大学 4 年我虽不能在理想学校度过，却仍可以就读喜欢的专业。

但现实不出意外地出意外了，我很"不幸"地被提前批第一志愿的第一专业录取。这是我从未接触过的领域——心理学，也是我未曾想过的专业。而且，因为是公费师范生，读完本科后我需要定向就业。这一眼望到头的前途和陌生的专业，于我简直是死亡判决书，它将我寒窗 10 余年的骄傲和努力、将我自视坚不可摧的理想碾成齑粉后，塞给我一张潦草的大红纸皮，以此搪塞我那被扼杀在襁褓中的理想。

高考后的那个暑假，我仍坚持高中时代的三点一线，不过这三点变为床、饭桌和厕所，抱着手机打游戏、追剧、看网络小说成了我逃避现实的止痛剂，我彻底躺平了，浑浑噩噩持续到了8月中旬。

之所以只持续到8月中旬，并不是我痛定思痛，而是混乱的作息和极度焦虑让我的身体不堪重负，头发一把一把狂掉，3年不见的荨麻疹又找上门来，全身上下被奇痒无比的红疹侵袭。假期剩下的半个月，我一直在求医问药中度过。

胡思乱想

该怎么形容初到大学校园的我呢？别人满怀憧憬地踏入大学校园时，我则心如死灰拖着塞满药的行李箱匆匆步入校园，不愿看校门口刺眼的校名一眼。别人踊跃竞选班干部和学生会干事时，我缩在宿舍狭窄的铁床上捂着被子悄悄流泪。

初入大学，我逃避现实的方式变成了在碎片化的时间里胡思乱想，包括三类：怨天尤人、时光倒流和义愤填膺。怨天尤人的重点为细数曾经的光辉事迹，以"我真的好倒霉"收尾。随后会不受控制地假设时光倒流，要是我高考没有忘记戴眼镜，要是我填志愿一意孤行一些……甚至要是我高考那几天多打个喷嚏，根据蝴蝶效应，我就应该已经入读梦校的理想专业。在不得不面对学校的大澡堂、写着高等数学作业时，我内心升起一股无名怒火，不断发问：我为什么会来到这里？为什么要学这门理

科专业？

当然，如此强迫化的重复思考并非全无益处，在经历一月有余的胡思乱想后，我的思绪开始和理想再次绑定，试图通过转专业做些扭转，但很快就因为我定向就业的特殊性搁浅了。我也曾思考过复读，但身体确实不太抗造，这条路也被否决。

思想挣扎的结果让我意识到现状似乎无从改变，但我仍对镌刻在心底3年有余的理想怀有执念。我会在图书馆古代文学或历史典籍的书架下写心理学的作业，写作业的间隙拿起晦涩难懂的古代汉语博士论文一页一页地啃，作为对我那被迫分道扬镳的理想和骄傲的挽留。

处于逃避现实状态的我，没有参选任何班委和学生会，除去课业，没有各种活动打扰我和"我的理想"共处，在学习心理学和安静读书这份微妙的平衡中，我的情绪逐渐平稳，"怨天尤人、时光倒流、义愤填膺"胡思乱想三部曲出现的频率变低了，取而代之的是借助心理学专业胡思乱想。在书本中一行行文字的效应里，我了解了自己为什么会对高中时期的理想念念不忘，就像罗密欧与朱丽叶这对被分开的眷侣，外在的阻碍力量越大，越是想挟持心中的理想同现实争个头破血流。还明白了兴趣的层级，我之所以能够为理想描上一层美妙滤镜，是因为我和它尚未知根知底，将兴趣和终身的职业、价值观绑定，势必需要付出大量时间和努力深度学习，我还想通了兴趣并非一定要成为职业。

大半年安安静静的学习生活和深度的胡思乱想，竟让我满载而归。大一结束后，我的学业成绩第一，最终在几乎没有任何额外加分的情况下摘得国家奖学金。"此身此地好像没有我想象中的那么差劲？"这是我在看到名单时冒出的第一个想法。

遗忘过去

但外部的嘉奖并不代表着我的逃避期终结，它会在我遇到一星半点不顺时卷土重来。大二的专业课比大一更加繁重，涉及更多统计学和生物学知识，小组作业难度更高，需要编制完整量表。已经数不清是第几次，成员们疯狂输出着量表制定的步骤，而我却连概念都没弄透彻，完全被拖着走。在组员进行头脑风暴时，我是个十足的局外人。听到大家调侃怎么选了现在的专业时，我发现比我"惨"的大有人在：同学 1 放弃 top3 学校正是为了定向就业，同学 2 高考理综直逼 290 分，结果提前批志愿填错了。

课后，我看着殷商甲骨文似的统计符号，曾经的傲气荡然无存，脑子里浮现的全是成员们在讨论时敏捷地吊打我的思维，和闲聊时无意聊到的比惨话题。原来我们专业也是卧虎藏龙，原来许多人都是丢掉过去，来到的这里。

我为什么不尝试一下丢掉过去呢？心底有个声音提醒我。是啊，我的很大一部分痛苦都来自把"曾经"紧攥于手，难以遗忘自己曾经是个热爱文科的"天赋选手"的身份，也难以遗忘自己曾经的优秀。既然我总是对文科耿耿于怀，那我就不断暗示自己"我是个理科很好的文科生"，顺便想想当年写理化试卷时行云流水的场景，我在心底默念："从前的优秀是真的，但以后会更优秀。"

如果把我自己比作一个杯子，那我这个杯子盛满了名为"曾经"的过期饮料，再不倒掉清理，只会连同杯子一起散发出阵阵浊气，成为废弃物。忘掉过去，是把"曾经"的一切从杯中倒出，盛上有利于我如今解决问题的想法。这么一个轻松的"倒水再添水"的过程，让曾经我觉得无从下手的小组作业竟也变成了可以三下五除二解决的小事情，怀揣着"我是理科学霸"的暗示，在思路停滞时，"空杯"状态的我终于不抵触去搜查操作方法，虚心请教小组同学。原来，症结从来不是统计学，不是小组作业，而是停留在过去的自己和乱成一团的心神。这次"遗忘"给我立下的功劳，让我在整个大学的专业学习，甚至科研中都受益匪浅。每当我再次陷入自我怀疑的怪圈时，每当我对过去的耿耿于怀再次浮出水面时，"倒水再添水"的遗忘大法便即刻救我于水火。我不停地对自己默念有利于解决当下问题的暗示，告诉自己"我的学习能力强，无论什么都是互通的，学专业做科研也都能做好"，反复的暗示让我能够相信自己拥有处理好当前任务的能力。

回望大学的"逃避"生涯，我也算是个成功的"逃犯"了。如经典日剧《逃避虽可耻但有用》的剧名所言，如果面对现状太难的话，还是别着急于勉强自己，先悄悄逃避一下吧。

最后一次考试，我才明白大学的意义

❋ 尹维安

大学里的最后一次期末考试结束得并不愉快。

一切照旧——依然打印了十多页材料，依然用记号笔标记了整本书的重点，依然熬夜背到凌晨3点，背完之后依然觉得这一切都很没意思。

我对大学里的期末考试是充满怀疑的，就比如这学期的最后一门考试，开学时发了课本，但是老师上课时从来没有对照课本讲过课。这位老师课上得还不错，比起念PPT，她会尝试和学生做实打实的交流，我教评的时候还给了她很高的分数。

这门课是很讨好大四学生的：很少点名。有些同学以准备考研为由常常缺课也不受批评，课堂讨论较为轻松，课前分享想说什么就说什么，就算说得不是太好，老师一样带头鼓掌。总之，在这门课上，老师给了大家充分的自由，师生之间的相处是舒服的。

也正是这样一门课的期末考试，竟然要从课本上出题，也是到了画重点的时候很多同学才想起来——我们还有课本？

老师也很无奈："没办法，请大家理解一下。"

我们不理解又能怎样？因为试卷分数和绩点挂钩，而绩点对大学生来说，是放不下的心结。我有时候对大学教育体系的情感很矛盾：这门课我很喜欢，也学到了很多东西，但我真的不明白，把那些知识点一字一句地背诵下来然后填写到卷子上的意义是什么？

在大学里，分数和排名真的那么重要吗？

大学里最后一次考试前的那天下午，我路过教学楼的公示板时看到一则通报批评：我们学院同年级一个同学上午考试作弊。虽然只透露了这个同学的姓，名是由"某某"代替的，但因为那个姓不常见，因此大家一下就能猜出是谁。

我着实惊讶了一下，因为这个"某某同学"是个不折不扣的学霸，考过好几次班级第一，也是学院里的标兵和奖学金的获得者，平时看起来也是很努力的样子，难道学霸也会作弊吗？

到了考场，坐我前面的一个同学问我："看到通报了吗？"

我说："不会吧？"

她说："我也觉得不可思议啊，但好像就是她。"

大家都刻意避免谈论她的名字，不能避免的是惊讶和不嫌事大的吃瓜群众心态。

在我们学校，每场考试时，老师都会在黑板上书写警示："考试不过还有机会，考试作弊取消学位。"真不知道学霸同学为何要冒这个险，但又觉得可以理解，一个习惯了名列前茅的人，宁可铤而走险，也不愿意排名下滑。

我还依稀记得她站在表彰大会上领奖的样子，这样一个学霸形象忽然倒下，所有的荣誉，在这一刻烟消云散。

在大学里，有时候学习和考试就是两回事。你可以把考试看作一个很功利的行为，但一定不能把学习看作一个功利的行为。考试是你获得成绩追求其他东西的一种凭证，这就和你努力赚钱买贵的衣服、鞋子、化妆品是一个道理。但学习不一样，学习是不可能用排名、分数去衡量的。

看电影《无问西东》时，我哭到不行。我并没有被电影广博、深刻的情怀打动，只在那些年轻生命自我选择和追寻的过程中看到了自己的影子和自己缺失的部分。

其中一个场景是在西南联大破旧、简陋的校舍下，先生正在给学生上物理课，雨季一来，雨水落在铁皮屋顶上，响声太大，学生根本听不到先生在说什么，先生提高了声音，在黑板上写下提示，大家还是听不清，教室里的学生开始焦躁、喧闹起来。

最后先生闭口不言了，抬手在黑板上写下 4 个字，学生们都不说话了。先生写下的是：静坐听雨。

多美啊，苦中作乐，困境里也能为自己找到浪漫的时刻。

还有一个场景是吴岭澜去听泰戈尔的演讲。这个清华的学生当时正面临选学科的问题，他因为别人的误导"最好的学生都念实科（理科）"而选了自己并不喜欢的理科。但校长告诉他，做人应该求一个"真实"。

多年后，他回忆起泰戈尔那天的演讲对他的影响，对自己的学生说：

当我在你们这个年纪，有段时间，我远离人群，独自思索，我的人生到底应该怎样度过？某日，我偶然去图书馆，听到泰戈尔的演讲，而陪同在泰戈尔身边的人，是当时最卓越的一群人（梁启超、梁思成、林徽因、梅贻琦、王国维、徐志摩），这些人站在那里，自信而笃定，那种从容让我十分羡慕。

大学里最重要的事情是什么？

成绩、排名只是我们通向某个去处的一纸凭证而已，不是说这些不重要，而是你得想清楚，它们对你而言有多重要。

我的本科大学并不是最出色的，但我始终觉得这不是我妄自菲薄的理由。每次我看到我的朋友、学长学姐、学弟学妹，在写诗、做国际义工、组建乐队、表演话剧、众筹自己的第一张专辑、创业……在做一切可以表达他们自己、帮助别人、为这个世界带来一些改变的事情，我就会很感动。就像电影中空军教官说的，这个时代缺的不是完美的人，缺的是从心里给出的真心、正义、无畏和同情。

大学的意义是帮助我们脱离一个群体的衡量标准，找到自我的评价体系，是从崇拜集体主义下的"优秀"勋章过渡到建立自我的满足和成功。

不是让你去成为别人口中的第一，而是让你弄清楚自己是谁，你需要什么，能为这个世界做些什么。

人生第一道
重要选择题

作为成年人，
他们一生都充满选择和决定的机会。
接受这一事实，就会变成自由的人。
——斯科特·派克《少有人走的路》

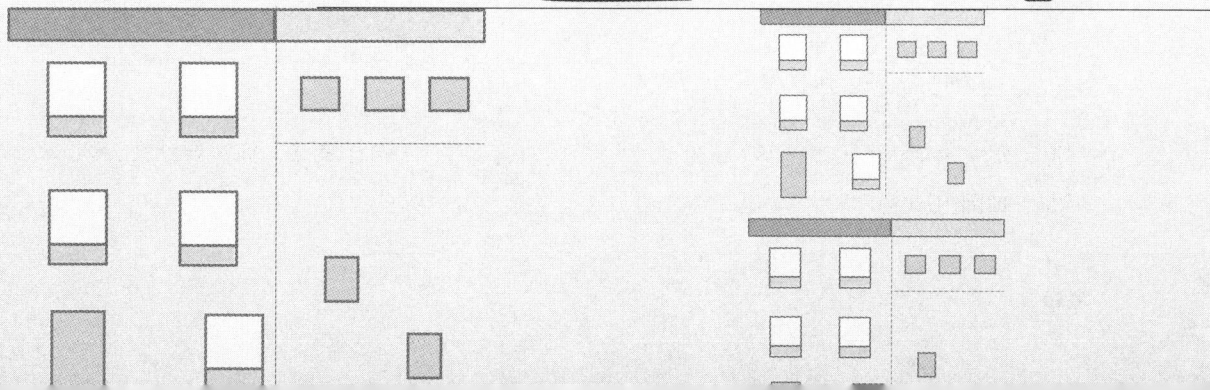

动物医学：

用爱与知识，护佑生灵

❋ 刘亚娟

"妈妈，我喜欢小动物，我想报考动物医学专业。"

"那专业上不了台面，都是些给猫狗铲屎擦尿的活，不报不报。"

……

仍记得大一拎着行李箱站在学院报到处的那天，天气很好，接待我们的学长和辅导员开朗又有耐心。旁边坐着一位年近古稀的老人，笑眯眯地看着又一股新鲜血液满怀着憧憬和希望向着这个普通却又有些神秘的专业靠近。

老人开口："你为什么来动医啊？"

辅导员赶忙介绍："这是我们学院已经退休了的老教授，专门来迎新的。"

我虎躯一震，没有多想就连忙说出了给别人解释了很多次的答案："因为我喜欢小动物。"

老人呵呵一笑，用拐棍敲了敲地面："很好，你很有爱心。我觉得你能学好这个专业。"

我长吁一口气以为蒙混过关了，只听老人自顾自地说道："其实，学好了动医归根到底是要为人服务的。"

那是我第一次听到这个概念。

学习动医，不仅仅是为了动物，更是为了造福人类。

问：学动医有高中课程要求吗？

答：有的。动物医学对生物和化学要求很高，对英语也有一定要求。进大学听到的第一句顺口溜就是：某农三大挂，有机无机和生化。每一个动医人，都有为生物化学拼过命的夜晚。当然，也有为临诊、微生物、寄生虫和中兽医拼过命的夜晚。还记得大二室友晚上背生化背到走火入魔，晚上做梦都是三羧酸循环。

问：动医的大致情况是什么样的呢？

答：学制为 5 年，由于农业大学基本上女生偏多，而且学动医的大部分也都是

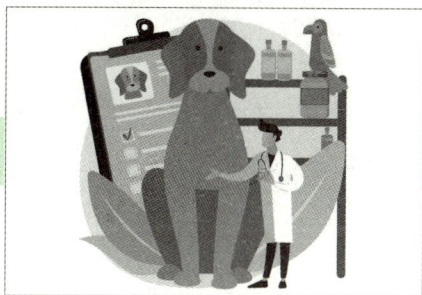

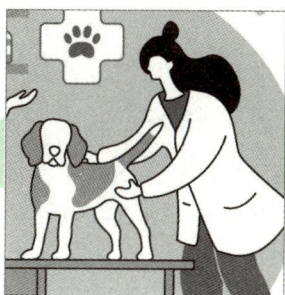

女生，男女比例为 1：3（室友去隔壁理工大学考试回来后感叹说自从上了大学没见过这么多男人）。听老师说，在过去报考动医的男生要远远多于女生，随着宠物行业的发展，越来越多的女生开始报考动物医学专业。根据往年的数据，大部分的同学会选择考研或者出国深造，少部分同学会选择直接就业，更少一部分同学会选择考编考公。

曾经去一个企业参观，里面的负责人对我们说："这个行业，路宽人少。了解它的人很少，我们需要有更多的人才在这个行业里发光发热。"

问：动医专业主要学什么？

答：这两年在短视频上总能刷到一些农业大学的同学在追猪捉鸡，你可能会觉得很搞笑。但是这就是我们日常生活的一部分。解剖小鼠牛蛙、剖牛杀鸡、针灸、临床诊断和学开处方单以及病理

判断，都是我们需要掌握的。从大一最基础的动物解剖开始，到后面的专业基础课，动物免疫学和动物病理学、动物生理学、动物药理学、寄生虫与微生物，再到专业课中兽医、临诊、产科、影像课程，人医所需要学习的课程我们都会接触学习。

那你可能会问，那我们学习的和人医又有什么不同呢？

片面来讲，人医只研究人类的疾病，但是动医的课本除了涵盖了最基本的猪牛马羊猫狗兔等各式各样的动物，偶尔还会冒出来骆驼和水貂。每一种动物的生理结构、药物反应、病理特征都是不一样的，所以每一种动物都需要我们掌握。除此之外，我还记得临诊课上老师对我们讲的："动物和人最大的不同就是人可以张嘴描述自己哪里不舒服，就算一个不会说话的婴幼儿也会用哭声或者痛苦的表情来表达自己身体的病痛。而

动物不会，动物不会在疼痛的时候大喊大叫，动物的疾病都是靠兽医来判断的，包括用什么方法诊治，开什么处方，都要凭借兽医的判断。假如兽医因为误判开错了处方用错了诊疗方法，病畜死亡了，你也可以说它是由于病重而死，动物也没有办法呻吟辩驳。要做一个好的兽医就要自己心中有一杆秤。"

问：动医 = 宠物医生?

答：给小动物看病只是行业中很小很小的一部分。大部分人认为的动医 = 宠物医生，是非常片面的认知。动医大方面分为几个方向：临床、基础和预防，也有近几年才有的动物药学专业。而临床又分为大动物和小动物。宠物医生属于临床小动物方向，大动物包括牛、羊、猪、马、鸡等，这方面除了畜牧场、马场之外，还可以关联到一些常见的肉蛋奶公司，这都是我们毕业后就业的考虑方向。

因此，动医 ≠ 宠物医生。

随着社会的进步和兽医科学的发展，这门科学除直接保障畜牧业生产外，已扩大到公共卫生、环境保护、人类疾病模型和医药工业等领域。因此随着时代的进步，我们对于动医的定义和观念也要随之改变。我们不再是走遍乡村背着竹篓负责给牛羊接生的赤脚江湖郎中，也不仅仅是在宠物医院给猫狗输液打针的宠物医生。

问:动物科学和动物医学有什么不同呢?

答：用很简单的话来说，动物科学偏养殖生产方向，动物医学偏健康生产方向。

问：动医的就业方向有哪些呢?

答：除了已知的宠物医生，临床大动物方向有上面提到的畜牧场、马场、肉蛋奶以及动物食品研发公司。人兽共患病、传染病是近些年来的热门研究课题，比如非洲猪瘟、口蹄疫等传染病，也是我们重点研究的方向。提到预防就不得不提到疫苗，疫苗生产也是我们专业对口的职业。

这时候你可能会说："这些都是私企，爸妈更希望我考公务员，考编，那我们专业有相关的职业吗？"

有啊，动医满足你所有的需求。

海关、畜牧兽医局、兽药饲料单位等，都是可以选择的。如果都不喜欢，那来看看动物园吧。南京的红山森林动物园、四川的大熊猫基地都是本人眼馋了很久的工作岗位。工作既稳定，又满足了大多数人当初报考本专业的初心，又有什么不满意的呢？

为了人类和其他生物的健康发展，医药行业永远都会勇往直前。就像那个被问了很多遍的问题，我的答案依旧不变："如果让我再选择一次，我还会选择报考动物医学。"

法医学：
为生者权，
为死者言

✿ 西洋菜

记得早年间，当我的亲戚朋友得知我选择了法医学这个专业，眼神里都透着一丝疑惑。在老一辈眼中，"法医"这两个字无异于"看尸人"，从事法医意味着天天跟尸体打交道，跟那些"晦气"的东西同吃同睡……这也难怪，一些影视剧里的法医形象造就了大众心里的刻板印象。

大体老师

大一刚入学时，站在解剖楼前，我们听师兄"上课"："这栋楼的最高层放着的是完整的'大体老师'，你们到时可都得认真学，要对得起他们的贡献啊……"

"什么是'大体老师'？"

"'大体老师'是我们对所有标本的尊称，可能是一个肝、一个眼球，也可能是一具完整的遗体，我们称它们为'无声的老师'，是它们推动着解剖学等学科的发展……"

踏进解剖楼的那一刻，我突然感觉到一股莫名的安详。那些"大体老师"有生前名气很大的医学教授，听说还有无人认领的死刑犯。人生海海，殊途同归，在那一刻展现得淋漓尽致。

第一次真正来解剖楼上课，我抱着解剖书"长途跋涉"，走到课室门口却被一部上面盖着红白蓝编织布的平板车挡住了路，我腾出一只手把车拉到一旁。待到授课老师走进教室，淡定地掀开那张布，才发现上面原来是一具干干巴巴的完整的"大体老师"。

课上老师叫我们摸一摸"熟悉"一下这位大体老师。我戴着手套的双手止不住地发抖。轮到我时，我伸出手摸了一下他的手臂，唯一的感觉就是冰冷，丝毫感觉不到生命力，我捏了一下他的肉，没有一点弹性，加上被福尔马林泡过还带有一点点刺鼻的味道。

后来上课次数多了，接触大体老师的机会也多了。再后来，大体老师似乎成了我的一位朋友，我捧着脂肪肝标本说"下辈子别吃这么多了"；捧着肺癌标本说："叫你别抽这么多烟，非不听。"还会对着桌面上放着的各个脏器标本自言自语："都是掏心掏肺、肝胆相照的好伙计了，请各位保佑我'系解'不挂科！"

除了大体老师，我们上课还需要用到一些动物朋友，常见的有兔子、小白鼠、大白鼠和蛙，还有学心脏解剖用的猪心，学眼球结构用到的牛眼，学肠道血管用到的猪大肠，等等。

法医先成"医"

大一时，我们主要学习的是最基础的解剖学课程。我们要了解人体结构、不同器官的位置和不同神经的主要作用与走向。实验课考核前夕，临床、口腔、法医、康复等专业的学生都会挤到那为数不多的大体老师前面，每个人都使劲往玻璃隔板上贴，想要把解剖位点记得再清楚点。

此外，还要学习细胞生物学、基础化学、有机化学和组织胚胎学等，在专业课程之外，我们还有公共课，包括高数和物理，还有一周一节的刑法学和刑事诉讼法学。

作为法医学学生的前三年，我大部分时间都在看书。整个学期所学科目会均匀地安排在最后一个月进行大考，每隔四五天我们就会迎来一门科目的"最终审判"，别人是"考试周"，我们是"考试月"，甚至是"考试季"。

大四我们开始学习法医学的专业知识，包括法医病理学、法医临床学、法医物证学、法医毒物学等。学了这些课程才知道，严谨是我们必须遵守的原则。譬如，通过法医人类学，我们可以根据无名尸的牙齿磨损程度推断其大致年龄。

在法医病理学中，我们必须牢记不同尸体现象产生的时间、眼角膜浑浊程度等，每一个都是判断死亡时间从而捕获凶手的依据；法医临床学上，不同的伤口形态揭示了不同的作案工具和作案手法。很多影视剧为了吸引眼球，会拍一些重口味的解剖、凶杀案，让大家以为法医只负责解剖，这恐怕是大众对这个职业最普遍的误解。其实，成为法医的前提是成为"医"，我们要学习医学的几乎所有学科，才能搭建好法医的地基。

我们必须对人体结构烂熟于心，还要

掌握不同疾病的病理征象，学会通过一张切片分辨出是哪个器官的哪种病变等，还有研究痕迹、DNA 提取等方向的法医物证学，研究毒物毒理机制的法医毒物学和法医毒理学……

众人熟知的"法医秦明"实际上只是法医的一个分支，港剧《法证先锋》里，出现场勘查的是法医，在实验室根据头颅骨骼做建模还原死者生前长相的是法医，把装着枯萎玫瑰的瓶子里的液体提回去做毒物分析的是法医，给大家做亲子鉴定的是法医，还有在司法鉴定机构给不同的伤者验伤、出具报告书以便伤者获得保险或工伤赔偿的也是法医。

你真的准备好了吗？

作为女生，我因为看了一些文学作品以及影视作品，带着满腔热血报了法医学。从收到录取通知书的第一天起，我就幻想着自己穿上警服手握解剖刀，划开迷雾，把公道还给受害人家属的样子，但现实往往会给热血浇上一盆冷水。

结束了三年的临床医学科目学习之后，我们会被安排到不同的医院实习，跟着各科临床医生出门诊、进手术室。有时从早上9点一直站到傍晚6点，中间没上过一趟厕所，只在中午匆匆扒了几口饭……至此，我都认为"谁说女子不如男"！直到大五，把法医类专业学科学完之后，我与其他同学被安排到公安局实习，跟着真正的法医出现场，那时我才知道真实情况与影视剧里描述的相差甚远。

首先我们必须知道，案件的发生是不可控的。法医可不是朝九晚五的上班族，而是值班时一接到电话就必须立刻奔赴现场的战士。大家都知道在医院值班不能说"今晚好闲"，我在公安局实习的时候，值班时绝对不能点外卖或者去洗澡，很多时候奶茶还没到，案件就到了，头上的泡沫还没冲干净，案件又来了，我只能匆忙擦干身体穿好衣服，让头发在车上"自然风干"……

现场环境也不是想象的那么安全，可能是陡峭的河堤，可能是狭窄到只允许一人通过的巷子，抑或是没有保护措施的电梯井，还可能是人迹罕至的山区……有时你需要爬到树上把上吊用的绳子剪下来，有时需要把倒在狭窄卫生间里的遗体拖出来检查，甚至可能被一个绳索绑好吊下悬崖，在岩石平台上进行尸检和采集物证，这些没有一定的体力是不可能做到的。

在实习的大半年时间里，我大大小小出过近200个现场。而法医的工作就是让每个非正常死亡的人走得明明白白，让每一个伤情得到应有的赔偿。

作为一名即将走出校园的法医学学生，我很庆幸自己见过那么多让人哀叹的事件之后，依旧对生命充满敬畏、对生活充满热爱。我会像前辈们一样，尽自己的微薄之力，为生者权，为死者言，还世界一个公道。

考古专业：

"没钱途"是俗见，"罗曼蒂克"是偏见

❋ 李夏恩

《逃出大英博物馆》的热播，再次触动了人们对古代文明的好奇心和探索欲望，考古学也再次被大众关注。考古学是通向我们过去的大门，通过研究历史上的物质遗存，我们可以探索人类的过往。

但对于考古专业，一方面它可能遭遇众人"钱途""权途"的世俗之见，另一方面也可能被影视剧过于罗曼蒂克化。也许我们应该从这里出发再理解考古，理解考古学者。

● "团宠"

几年前，湖南耒阳考生钟芳蓉以文科676分的成绩报考了北京大学考古专业。这本来是一个单纯的出于个人志向的专业选择，却陡然成为热点，在网络上遭遇了一场劝退风暴。素不相识的网友纷纷以敲击键盘的方式，劝说被贴上了"留守女孩"标签的钟芳蓉不该选择考古这一冷门专业。

"我个人特别喜欢，我觉得喜欢就够了呀！"钟芳蓉的回答可以说是对"自信"这个词语最好的解读，也是对那些打着"我都是为了你好"的诛心网评最有力的回击。而对考古圈的人来说，能吸纳到这样一位自信而又勤奋的高分生源，不啻视如拱璧。一位幽默的网友将这种欣喜若狂的心情比

作"老来得子"。

出版了敦煌研究院前院长樊锦诗口述自传《我心归处是敦煌》的译林出版社，在听闻钟芳蓉的偶像是樊锦诗后，为她寄上了有樊锦诗亲笔签名的自传和寄语。在收到书后，钟芳蓉也给自己的这位偶像写了一封信："我希望能追随您的脚步去选择北大考古，选择为考古献身，也希望找到心灵的归处。"

从某种角度上来说，当钟芳蓉在给樊锦诗的信中写下自己"选择为考古献身"这句话时，也暗含着一种殉道者的意味——毋庸讳言，至少在大众心目中，"考古"仍然是一门艰苦、冷门，并且缺少当代人最热衷的"钱途"的专业。选择它，就像是古代的修道者为了寻求真理到大漠中跋涉修行一样，当他踏出第一步开始，就注定走上了一条孤僻冷峻的道路。

事实果真如此吗？

"吃苦"

几乎没人没有听说过"楼兰姑娘"，但有多少人听过穆舜英这个名字？而这位女考古学家，正是人们众口传唱的"楼兰姑娘"的发现者。更鲜有人知道，她和考古队员们是如何历尽艰辛，在罗布荒漠腹地跋涉，寻找失落千年的楼兰古城遗址。

"当天晚上，我们的帐篷就搭在一个高大土台的西南脚下。中夜风起，飕飕飕的风声由远到近，在我们头上呼啸着，砰嘣、砰嘣，好像有几十双手在扯着帐篷，虽不闻鬼哭狼嚎，但那凄厉的风声，也叫人毛骨悚然。这是考察队进入罗布荒漠的第一夜。"

在穆舜英已经绝版多年的考察记录《神秘的古城楼兰》中，她如此记录了1980年4月的这次楼兰考古探险行动。如果戴上诗意的眼镜，自然可以说这是考古学者与古人在时空风尘中相向而来，又擦肩而过。甚至可以说在这一刻，凄厉的风声传来的是历史的号叫。

但对考古学者来说，这就是他们的工作环境。也许在事后回忆中可以讲述得更富传奇色彩，但在当时，考古学者作为再普通不过的人，身体的感觉不会骗人——艰苦就是艰苦，恐惧就是恐惧，疼痛就是疼痛，足以淹没车辆的漫天沙暴、白日炎炎烈日的炙烤、夜晚的天寒地冻、被紫外线直射晒伤而久久无法恢复原状的棕色皮肤和枯黄头发，这就是他们的工作环境带给他们最直观的感受。

当然，大漠考古可以说是考古活动中最极端的情况之一。

不过，除非是像西安那样，挖地铁都能挖出满坑满谷的汉唐古墓的古都城市，考古学者可以享受现代化的便利条件，大多数考古现场都非常神奇地与现代化舒适生活绝缘。

因此，加入考古这一行，也意味着要做好吃苦的准备。一位考古同行曾经形象地对玛丽莲·约翰逊说："等世界末日来临时，你就会想要认识几位考古学家了，因为我们会生火，又会捕食，还会建造高山堡垒。"

"灰头土脸"

考古工作的艰辛劳苦，在很大程度上也让人们对考古的罗曼蒂克想象崩坏。

这种想象来自小说和影视作品的渲染。小说和影视作品往往将考古学者想象成英勇无畏的探险家，就像《鬼吹灯》里的胡八一、《木乃伊》里的欧康纳或是已经成为经典形象的印第安纳·琼斯。他们的人生就是一场冒险，冒险的目的是寻找失落的宝藏。艰苦的环境是他们展现勇气的舞台，反派人物的适时出场是对智慧与人性的必要考验，最后必定是大欢喜结局，宝藏装在身，抱得美人归。这些人的另外一个共同点是：他们永远都穿着夹克和皮靴。

真正进入考古这一行就会发现，电影也好，小说也罢，都是谎言，诱人的谎言。

考古现场不是制服的 T 台走秀，再光鲜时髦的衣服下到坑里出来也会灰头土脸，尤其是在中国。翻看中国考古发掘现场的相册就会发现，几乎很难找到一张符合上述想象的照片。

从 20 世纪 80 年代开始，经穿耐磨的蓝色牛仔裤和 T 恤大行其道，直到今天。从这一时期开始，时代特征的区别变得相当模糊。因为无论哪张照片上的人，只要是夏天，几乎都穿着 T 恤和牛仔裤，戴着帽子。条件好的会有套袖和廉价的专业手套——一位考古系的年轻学生曾经解释过套袖和手套的特殊用途："吃饭前摘下来，就不会有太多土掉进饭里，如果有个围裙就更好了。"

除了照片拍摄色调和像素可以区分年代外，最具有鲜明时代特征的就是脚上穿的运动鞋在随着时代进化，但这考古现场唯一的亮点，也常常盖着一层土——最后这一点才是考古学者从始至终的外貌特征：总是灰头土脸。

"真实"

"将棺盖移开，并不大费力。移开棺盖后露出尸体，仰卧于枕上，皮肉朽腐，偶或留下一薄层棕褐色的残遗。也保存有一部分头发和髭须。附身的衣衾，也腐朽

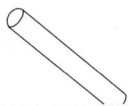

成不连续的绢片，并且一触即碎成粉末。我们好容易提取了几片作为标本。我们蹲在棺侧测绘墓葬图和清理遗物。棺中的髑髅，张着空洞的眼眶，露着狞笑的牙齿，是憎嫌我们惊扰他的长眠呢？是叹息他的亲人将他深藏固封都是枉费心力呢？"

在敦煌佛爷庙的古墓中发现的晋代骷髅，让夏鼐感慨叹息。这是他在敦煌考古发掘的诸多尸骸之一。考古当然不仅仅是刨坑挖土而已。与死人打交道，也是考古人职业生涯中不可或缺的一部分。因此，外界对考古的一大误解就是他们是职业挖坟人，一个坊间流传的极端却打趣的笑话甚至说，考古学家和盗墓贼的唯一区别是前者有合法执照。

这个笑话即使没有激怒考古学者，也足以让他们愤愤不平。考古学者的死对头就是盗墓贼，无论古代的还是现代的都如此。"盗墓是犯罪行为，也是触及人伦底线的行为，正常人都应该痛恨之。"在一次访谈中，考古学家郑嘉励如此表示。

但考古学者却完全不同，他们发掘墓葬是为了保护它不受侵害，里面的每一件文物都会仔细测绘、标记，放在合适的地方进行保存，陈列在公共博物馆中向公众展示，通过让这些深埋在地下的文物重见天日，向公众开启一段被封存的历史。打扰亡者安宁的是盗墓贼，绝不是考古学者。

一位考古学者告诉我，那些发现的遗骸都会被小心保管，或者整理好重新安葬，或者放在合适的地方。一些具有体质特征的骨骼会被拿去进行体质人类学检测："对发掘的每一座古墓的墓主人，都要充满敬意。"

从某种程度上说，面对真实，正是考古学最大的魅力所在。如果说历史文献尚不乏伪造歪曲史实之处，那么作为历史学姊妹学科的考古学，却容不下一丝一毫的虚假。无论发掘出什么，无论它对我们习以为常的认知产生多大的震撼，它就在那里，是不容否认的真实。

唯有面对真实，才能真正认识历史，才能真实面对人类本身，而这就是考古学带给人类的启示。

最后，请允许我引用一位不知名的考古学者在网上发表的评论，尽管在前面，他对现今考古专业大吐了一通苦水，但在最后，他写道：

"我至今仍然觉得田野考古可以满足一切关于苍茫历史和诗意人生的想象，哪怕是那些写不出论文和熬夜拼陶片、看无聊陶器类型的夜里，我依然能从字里行间获得其他任何东西所无法传递的、跨越千百年依然永恒的触动。"

做好心理准备，摒弃幻想，拥抱真实——这就是考古。

宝石及材料工艺学：

疯狂的石头

❉ 周日正义

我记得《疯狂的石头》里众人为价值连城的翡翠所疯狂，我记得《血钻》里战争分子为几颗闪耀的钻石而流血，我还记得《泰坦尼克号》里杰克与罗丝在"海洋之心"的见证下所许下的爱情誓言。不承想，那些出现在电视荧幕上的珠宝玉石在高考志愿填写后真的走进了我的生活。

拿到录取通知书时，我对大学生活充满着期待，而对宝石及材料工艺学这个专业却一无所知。宝石是什么？是金银首饰吗？是翡翠摆件吗？还是一堆有价格的石头？就这样我怀着激动喜悦憧憬等诸多感情走进了我的大学生活。

进入大学，自然有了系统性的认知。此专业在我所处城市占有一定优势，一是临近玉石原产国，二是城市里设有专业的玉石交易场所，三是城市玉石文化底蕴浓厚。

可当我拿到教材匆匆一看后便为自己的大学成绩单担忧。也许，这是一个完全的理科世界。

◇ 1 ◇

之前，珠宝玉石在我眼里只是金铺里售卖的配饰，结婚时交换的钻戒，别人手腕上的玉镯，但现在它成了书本里长串且复杂的化学公式和晦涩难懂的专有名词。

书桌上的《结晶学与矿物学基础》《贵金属珠宝首饰评估》《钻石分级的原理与方法》《宝石鉴定》等教材看起来都像恐怖片里的水井，你只知道它恐怖，却不知道它有多深。

矿物和矿物学这门课程是大学课程的重中之重。除此之外，中国玉器文化的课程学习将使我们领略中华文化的玉石魅力。

将东西方珠宝玉石基础知识扎实地学完后，老师便会带着矿物标本与同学相见。

实际操作课程将占据大学专业课程的后半部分。老师会结合实践教授如何辨别各类矿物，并准确说出其特征。分组讨论与鉴定，成为所有同学看得见的硝烟。同时，学院里还会开展鉴定大赛。

专业仪器与化学实验操作的课程为我们打开了新的天地。从肉眼鉴定升级成显微镜鉴定，那五彩斑斓的矿物切片成为万花筒与色彩板的存在。

一般来说，大学第一学期的课程会被牢记，可我却忘了。兴许是大一的课程非常反转。

前一堂课我还在死磕黑板上写的类质同象中菱镁矿 $MgCO_3$ 与菱铁矿 $FeCO_3$ 到底是什么关系，后一堂课老师已经在教我们如何快速地编出一个中国结，只因中国玉器演变发展总跟中国文化有着密切联系。

这般奇特的课程内容在一天结束后，我觉得不止脑子打结，嘴巴也打结。那些拗口的专业名词就如同难嚼的食物，总要在口中反复咀嚼方可下咽。一旦做到，那就自然而然成为自身的东西了。

但这远远不够，消化后的知识还要运用到课后作业中，那才代表真正理解了。

每当作业布置完，都会听到老师们十分放心的声音："我们专业的题目，你尽管大胆放心地去网络上搜，能搜到算我输。"

事实证明，有些专业名词在网络上分开的确能查到，可合在一起你只能收获"对不起，网页已走失"的字样。这种情况下，所有专业课出勤率都极高，大家生怕落下一堂课，那样你会连作业题目都看不明白。

有时，我看着满面文字的专业书就会想，这些石头在书上看着挺疯狂的。

万万没想到，实物更疯狂。

2

珠宝，自然需要亲眼看。

从大二开始，课程种类变得丰富起来。老师们从书里生硬的专业名词里跳脱出来，开始引领我们接触真实的宝石。当然，是作为标本的"宝石"。

实体落在手心，带着重量，带着缺口，带着切面，并不完整地展示给我们。我们需要珍惜这几分钟接触的机会，仔细翻看后回到书本里依次验证观察到的特征，最后牢记于心。

因为指不定什么时候老师就塞给你一块石头，问些"这是什么矿物？""什么硬度？""晶体是什么？""有味道吗？"等使你猝不及防的问题。

对于这种能碰到标本的课堂，专业老师时常提醒我们要轻拿轻放，善待标本。只因特征突出的标本并非市场批量购买的，而是老师们在各地实地勘察时寻来的。随意对待只会让标本受损，从而报废。因此对于个别珍贵的标本，老师还会站在一旁监督。

但这类珍贵的"宝石"在其他专业同学的眼里只是一块石头。他们对我们的课程也同样表示疑惑，其中就包括为何对着一块石头自言自语。

我答，在鉴定呀。

除了矿石鉴定，在后续的课程中还能接触到钻石鉴定。

钻石，美丽、珍贵和闪耀的代名词。在现实中它的价值昂贵，在书本里它只是几行文字概括的事物。

"钻石恒久远，一颗永流传。这样的广告词相信大家都听过吧？"负责此门专业课的老师与我们提起这句耳熟能详的句子，当时大家都齐声回答："听过！"

"那今天我们就来讲讲，怎么鉴定钻石。"老师把一本小蓝册子放在了讲台上，"鉴定钻石首先要明白一个概念，什么是4C。所谓4C是英文中的克拉重量（Carat Weight）、净度（Clarity）、颜色（Colour）和切磨（Cut）的简称。"

在基础课上完后，终于迎来能亲手拿到钻石标本的日子了。当时的心情，可以用一句话来描述——"激动的心，颤抖的手"。

激动于摸到真钻石了，颤抖于怕丢了要赔钱。

◆3◆

鉴定钻石，除了镊子、放大镜、白纸槽等基本工具外，还需要能够平稳夹起钻石的手。钻石有平行腰棱，将钻石台面向下放在平面上，左手持镊子平行于钻石腰棱处后轻轻夹住，不可使蛮劲，要用巧劲。这一系列动作，我都是在胆战心惊中完成的。耳边还不时传来同学夹飞钻石而发出的惊呼声。故此，每每上到此堂课都会看见全班同学打着手电筒趴在地上找飞走的钻石。

标本种类随着我们的学习越来越丰富，有时老师拿出来的标本都能让我们惊呼几声。可这些标本在我们亲自参与到钻石琢磨工艺实操后就逐渐失去了对我们的吸引力。

能够打磨切割钻石可是我从来没有想过的事情，这是件很奇妙的事情。

"我竟然能刻钻石了！"我兴奋不已，结果专业老师是这么回答我的："严格来说，是磨钻石。"

"更严格点说，你们是在磨玻璃。"

我从老师手里接过啤酒瓶底般厚度的绿色玻璃后，垂头丧气地坐到了操作台前。小心打开机器，把玻璃凑到打磨盘上，刺耳的声音与水渍相互交错。

首先我要把不规则的玻璃磨成圆柱体，然后止步于圆柱体。

那是因为整个学期下来，废掉很多玻璃后，我还是连圆柱体都磨不规整。对此，老师的评价是很正常。要把玻璃磨成圆明亮式琢型，需要磨出1个正八边形的台面及其周围的32个小面所组成的冠部，24个刻面的亭部和1个很扁的圆柱体的腰棱。这些小面稍不注意就会出错，要万分细致耐心。

可是一旦打磨成功，会非常有成就感。

"虽然它只是一块玻璃。"专业老师再次补充道。

而那块还不够完美的圆柱体玻璃却因搬宿舍而消失了，这也如我的大学生活一样迎来了结束。

◆4◆

结束了大学的专业学习，面临就业，那可就有许多途径在此行业中继续"发光发热"。

一可继续学业深造，考取专业珠宝鉴定师资格证，例如GIC钻石分级师，进入相应的珠宝鉴定所工作。二可以成为一名优秀的珠宝设计师，参加各类国际珠宝首饰设计大赛。三可选择不为朝九晚五所束缚的自由职业，到玉石交易场所发掘原料，为购买者寻找称心如意的首饰物件。四可成为如今火热的电商，通过网络销售珠宝首饰，并介绍珠宝玉石保养等知识。

最后，还是要说，宝石及材料工艺学的确是一门冷门小众的专业，但其又具备着很高水准的专业技能，是"术业有专攻"的典型代表。在这个行业中，耐心学习与内心喜爱才会给你带来更多的动力与发展。

弹爆专业：

同学，这个炸药包是你丢的吗？

✤ 南　谍

　　因高考失利，我只能在有限的几所院校内报考有限的专业。心灰意冷之下，我没有过多了解就报考了一所院校和它最强的专业——弹药工程与爆炸技术（以下简称"弹爆专业"），之后被学业摁在脚下狠狠地摩擦，现在想来仍是不胜唏嘘，瑟瑟发抖。

吾以真心对高数，高数报吾以白眼

　　高数，简单点说就是高中数学的升级版。高中时辛辛苦苦逼近极限求解得出答案却得不到分数的洛必达法则详细版本，还有亲切的拉格朗日中值定理、泰勒公式、柯西法则等都会前来找我们报到。

　　虽然一开始接触的时候有点蒙，但咱们也不能在气势上败下阵来——如果上课打瞌睡，一睁眼就会发现世界都变了，黑板上的东西能看懂一句话就已经说明那天睡得不够熟。这里要说明一下，大学和高中的学习完全是两码事，全凭自觉。期末考试临近时我慌了，这时才开始亡羊补牢，疯狂做题、看教学视频，堪称废寝忘食、手不释卷，最后结果也没有很好，勉强考过，5 个绩点拿了 2 个。因为我是班长（尴尬），所以我知道我们这个专业整体的成绩——高数挂科很严重，平均每个班挂七八个。我在此拜谢拉格朗日、泰勒等人对我高抬贵手，那个学期也让我明白，不自觉学习就要 Game Over（游戏结束）。

有机物化，必有一挂

　　弹爆专业需要学习四大化学，即无机化学、有机化学、分析化学和物理化学。其中当数有机化学和物理化学比较难学。

无机化学是基础，分析化学是理解加做题。而在有机化学与物理化学面前，平时上课认真听课，下课及时做题，学过内容及时温习并不够，咱们还得提前一月复习。因为学到后面，我发现我前面忘得很干净。上述学习要点我没有全做到，这些都是我考完试后总结出来的。

至于物理化学那就更有意思了。每到考试周，很多人和我一样从早上七点到晚上九点，除中午吃饭四十分钟外，全部泡在图书馆，看书、做题、从网上找教学视频。图书馆从二楼到八楼都有我们专业的人，当真是"群魔乱舞"。那一周平时十分热闹的班级群都没人在里面吹牛，有发言也是在讨论问题。拜这个氛围和挂科严重性所赐，这一科挂科人数比较少。

在大学你会看到形形色色的人，有平时不学考试成绩很好的，有很聪慧也很努力的，有整天埋头于游戏或者二次元的，有长袖善舞的，有歌喉惊艳的。在这里你能深刻认识到何为"比你优秀的人还比你努力"，大学的意义在于让我们看清自己，定位自己。

爆炸是一门艺术，力学也是

"爆炸是一门艺术，要用心，用端正的态度去对待，否则只会伤人伤己。"爆炸力学老师边用精密电子秤称着炸药粉，边对我们说。

"我这门课是不简单的，希望你们好好学，如果不学，期末考试除非你能让我代考，否则你肯定不过，我也不会拉你的……"工程力学老师笑眯眯地说。

弹药学、爆炸作用及效应、特种爆破理论与实践、工程爆破技术等都是与爆炸有关的专业课程，是专业的灵魂所在。学到后期理论研究变少，实际应用越来越多，毕竟我们这个专业毕业后更多是从事实际操作，除非换分支专业就业，如爆破器材管理等。工程力学、爆炸力学更是核心中的核心，难度很高。当然无论什么课程都需要用心去对待，去学习。

你的锤子没有我的好看！

我们这个专业本科四年全程都少不了实践课程，前期的物理实验、无机化学实验，中期的有机化学实验、物理化学实验、学校炸药爆破地的炸药测试，后期的金工实习、炸药厂和化工厂的考察等都是实践的一部分。

我们毕业后如果对口就业，在爆破公司工作，就需要前往实地进行爆破操作，不会动手是肯定不行的。实践能力的养成离不开学习过程中的实践操作。实践很多但都非常有趣，比如金工实习——自己用

铁锭和机床打磨自己的器具，锤子、钻头、刀、剪等五花八门都有，都会有模板让你照着去打磨。时长一般在一到两天，看不同老师的安排。我当初磨了一个小铁锤，十分有质感，磨完后还用工业润滑油涂抹防锈，放在我寝室床下面"珍藏"。如果关系好的同学打磨的器具和自己的一样就更有劲头了，都是比着来："你的锤子没有我的好看。"

就问你炸药厂刺激不？

在大三下学期，我们有一周时间不在教室上课，全部在校外考察那些炸药厂或者化工厂。说是考察其实也就是去见世面，一个专业组团去玩。我们当时一个个顾不上注意形象，戴着红色安全帽，一路上老师大讲、我们小讲地前往厂子参观。厂里面标配有各种反应釜、生产流水线，最多的就是"禁止明火"的标牌了。初看很惊喜，再看就想上去摸，如果不是不允许我们早就上去操作了。

在厂里，老师会把以前学的与炸药相关的知识用实物进行讲解，当然少不了最重要的操作安全注意事项和安全隐患排查。毕竟做我们这行需要的就是细心。一般我们考察的厂房要么是师兄师姐办的，要么骨干是师兄师姐，比较方便。这也在于本专业出的人才较多，在民爆这方面的话语权算比较重的。

我们专业最好的一点便是好就业，也算是一大特色。因为不仅对口公司很多，而且一般都是"沾亲带故"的。所以，许多大四的学长学姐还没有毕业便已经被录用，大家基本能找到一份工资不低的工作，当然这肯定还是以能力论高低。

再简单说说考研的事情

我们专业考研率也很高，大概80%的同学会选择考研，最喜欢选择考北京理工或者南京理工，这两所院校都很棒，专业对口。要是不想考本专业也可以考其他专业，像我们专业有些同学会选择去考化工类专业，但我们跨专业考研不太有优势。

比如甲乙同时进行化工类专业复试，甲学生本科是弹爆专业，乙学生本科是化工类专业，如果你是导师你会怎么选？答案肯定是选乙学生。为什么？因为他学得多，他基础扎实。换言之，即使甲和乙成绩一样，但两人还是有差距的。这就是跨专业考研的难处，当然如果你优秀到令导师刮目相看也没问题，总之，跨专业考研要慎重。

最后，如果你对弹爆专业有兴趣可以来报考。作为一个提前"入坑"的人，我想说的是，不管学什么专业，自觉、自律、自学的人才有出路。

英语专业：
带我们走出内心的荒芜

＊安生简

英语，属于应用型学科，听起来似乎无趣得很。当初，我刚迈进英语专业的门槛，内心也颇为不屑：学了近十年英语，大学期间还要继续深造，真是孽缘啊。若不是报的第一志愿分数不够，我也不会"沦落"至此。但一晃四年，我与同学们携手相伴，这一路，既有风刀霜剑，也有繁花满地，英语专业漂洗过我的岁月，让我的青年时光在丰润饱满中蓦然成诗。

毫无捷径可循，唯有脚踏实地

犹记得，入校第一天，来到外文学院新生的集合地点，发现迎新队伍中一排排翘首而立的全是气质优雅的学姐，屈指可数的学长们被湮没在红花丛中，只露出几个俏皮的后脑勺。后来我才知道，英语专业男女比例 1 ：7，在英语专业，第一步便是要习惯这阴阳失调的现状。

与男女比例一样极不协调的，便是大家入校之初的英文听说能力。我班三十几名同学中，有不少外语学校保送而来的尖子生，他们一开口便是纯正英式或美式腔调，但有更多的同学说着带有"地域风味"的口语。因此，包括我在内的许多人，在刚入校的口语课上，均是扭扭捏捏，不敢发言。

与许多同学英文水平上的差距，常常让我汗颜，也让我铆起劲儿来努力。本以为，高三的兵荒马乱、踽踽独行，已是学习之苦的极致，没承想，来到了英语专业，还是片刻不得放松。所幸，英语学习虽苦，但并不枯燥，更值得庆幸的是，我们有着术业出色的好老师。

刚入校不久，我便紧跟老师的指导，下载了各种千奇百怪的听力素材。不过，在英语系，观看英剧美剧以及其他外文电影才最常见，常常一个寝室，人手一台电脑，有人听新闻了解中外大事，有人看美国综艺节目哈哈大笑，还有人跟着外文电影中的男女主角一起抹眼泪……

和我一同沉浸于外文剧场的同学们不可胜数，我们人手一个笔记本，记录下专业词汇，备注好诡谲发音，一边娱乐一边进步，这可是"师傅们"传授的特殊技法。

当然，只听不说并非"正道"，为了跟上课业进度，晨读也成为我每日必修课。每天一早，是雷打不动的早读时间，芙蓉湖畔隐隐的晨雾中，上弦场初升的朝阳下，乃至囊萤楼有些昏暗的小树林里……都留下过我的身影。若问我为何能坚持，那是因为"我并非一个人在战斗"。一早起床出门，在校园的各个角落都能遇见英语专业的同学——刚开始还会打个招呼："嘿，原来你也在这里。"后来已经见怪不怪，连早起的问候都变为："每日口语打卡练习完成了吗？"

英语专业四年，就像不断打怪升级的过程。我们的听力教材由初级到高级，口语练习由发音到口译，阅读材料由一页纸变为一本书，写作训练由一句翻译升级为万字论文……每一步都必须踏踏实实地迈下。

如此这般到了大四，我已经可以出外做翻译了。不论是家教还是翻译，厦大英语专业学子的实践机会并不算少。我自己就做过文创活动的志愿者，笔译过几家公司的产品介绍，还在商贸展销会上做过口译……

那是一场跨国葡萄酒产品展销会，我熬夜背下了好几页 A4 纸的葡萄酒的专有名词，但第二天要上"战场"之时依旧惴惴不安。好在，我所负责的葡萄酒商家代表是两个特别热情友好的澳大利亚女子，也不知是不是出于礼貌，她们一个劲儿地夸赞我的英文水平，还与我一起分享她们的各品类葡萄酒。而后，也许是酒精的催化，抑或是她们笑脸的感染，我的心渐渐变得踏实而熨帖，翻译工作进行得圆满顺利，晚上回到宿舍，我发现自己笑得脸都僵了……

英语专业带我们走出内心的荒芜

英语专业逼着同学们不得不勤奋，但这一专业的同学们也最能领会"寓教于乐"的精神。英文小品大赛、英文配音大会、英语知识竞猜……各类活动与课程的融合，让我们的学习氛围更加欢乐。

至于英语专业的老师，他们通常洒脱不羁。犹记得教授英国文学的胖胖外教，他的言语优雅似十四行诗；西方戏剧文学的老师小名"旺旺"，酷爱给学生们放映文艺电影；英美文化的老师是一个喜爱有奖竞猜的英国人，自诩自己的教学法为"哈佛教学法"，即让我们课下自习，课上小测（比赛），测试优异者有储钱罐、巧克力、充电宝等奖励……作为外语专业的老师，他们通常都有出国进修或交流的经历，无论是"西方文学""英文写作"，还是"翻译理论"，都能被老师们上成"我在哈佛的500天""英格兰旅游攻略""悉尼岁月"……英语专业老师让我们明白：世界之大，人生浩渺，每具灵魂都能抵达风涛滚滚的远方，心若不系之舟。

初入英语专业之时，我是个腼腆害羞的女孩，困囿于眼界狭窄的学习生活，但英语专业四年指引着我走出了内心的荒芜。这四年，我与亲爱的室友们一块儿在晚会上演唱过 Everytime，与搭档们在配音课上一起扮演《怪物史莱克》里的各种角色，还争取到了公派出国交流的机会……

那是大四上学期，我坐在韩国梨花女子大学的课堂内，与来自世界各地的交流生围坐闲话。猝然间，我有一刻的怔忪，觉得自己的意识仿佛飘浮在肉体之上，正默然俯瞰着发生的一切。

好友问我怎么了。

我回过神，俯首，微笑，摇头，内心却有千言万语激荡而来——如今，这个走出国门的女孩，真的是当初那个懵懵懂懂的书呆子吗？四年前的我，还是一个说着"哑巴英语"、紧张拘束、不敢和人交流的小姑娘。谁能想到，现在的我竟能与各国友人围坐一桌，无拘无束地交谈呢？

各行各业的敲门砖

有人觉得英语只是一门工具性学科，我却以为，它确实是一门语言工具，但又不止于此。英语专业其实是一个横跨了几乎所有文科与商科专业的通识专业，可以胜任几乎所有文科类商业类工作，如果能在优秀英语的辅助下，再修炼一门其他

技能，那简直就是各大人事专员眼中的香饽饽。

大致而言，英语专业的就业方向有以下几种：

一、翻译、教育以及学术研究。这些工作岗位要求英文造诣深厚，学历越高越好。

二、商科以及文科的众多工作，比如行政、销售、运营、公关、外贸等。对这些工作而言，英文并不用好得惊天动地，关键是自身综合素质和经验。英语更大程度上就像一块敲门砖，帮助你迈入这些行业。

三、其他高精尖工作，如技术类、金融和财会类工作。要进入这些行业，除了英语之外，还需要其他的专业技能，进入这类公司的英语专业学子为数较少。

以我的同学为例，他们遍布大江南北，深入各行各业。

有人进入了汽车制造行业，外派非洲支援当地现代化建设；有人在四季如春的毛里求斯一边旅行一边经营起了旅行社；还有人进入了四大会计师事务所之一的毕马威，成了一名审计师……同时，还有更多的同学继续深造，或者成了银行员工、销售、文员……真正从事英语相关工作，比如翻译或者英语老师的，反而是少数。

在这个时代，英语似乎是一项基本技能，每个人都会一点儿，但英语专业并非鸡肋，它除了让我英语水平得到提升，还让我的人生有了新的梦想。它让我知道，千山万水，我们可以随意行走，不管星辰指引的是什么方向；它让我在每夜闭上眼时，都能听见一个搏动的宇宙。

1

说起动画，其实我与它结缘已久。上小学那会儿，班上的同学都很喜欢看《海贼王》，我为了能和同学们有话题，一口气追了 400 多集。渐渐地，我也开始迷恋上了这部动画。动画中热血沸腾的情节、主人公路飞追梦时的酸甜苦辣，让我为之着迷。

自那以后，我便正式成为一名"动画迷"。在热血漫画的影响下，我尝试创作过四格漫画，在草纸上勾画出自己的"历险记"。虽然那时的人物只是个简单的"火柴人"，但胜在动作夸张搞怪，在同学间传阅，反响非凡，我也收到了人生中第一波赞扬。于是，从那以后，我便开始学习起了美术，报高考志愿时，也自然而然选择了动画专业。

如果你想问我的就读体验，那就是痛并快乐着。动画专业属于综合性专业，在综合性专业就读，什么都要学，什么都得懂，恨不得将你修炼成"六边形战士"。这个专业不仅需要储备丰富的动画知识，学习电脑动画基础、动画表演、原画设计、数字建模与角色绑定，还需要挑战愁哭一众艺术生的动画软件——Flash、PS、Maya、Shogun，更需要具备传媒行业的知识，学习摄影、摄像、写剧本、镜头分镜语言……

从一部动画的前期策划到中期制作与拍摄，再到后期剪辑，实现全方位的自导自演，就是我们本科期间需要攻克的任务难关。

上了大二，我们会进行专业分流，可以根据个人兴趣，选择学习二维动画或是三维动画。前者注重手绘能力和观察能力，可以尽情用画

动画专业：
梦与狂想的王国

❋ 秃头党教父

笔彩绘出自己的动漫世界；后者则更看重 3D 软件的使用和手 K 动画的能力，更加专注于对物体运动规律的精细研究。

在后续学习中，部分学校还会有更细致的专业方向，如定格动画、影视特效动画、游戏动画等。不同的专业方向各有千秋，对应的就业方向也会有所不同。因此，我们在大学期间就需要做好规划，明确自己的喜好专长。就我个人而言，我更喜欢专注于对动画原理的理解与运用，创作富有艺术视觉冲击力的三维动画，再加上我还是个游戏迷，便毅然决然地扎进了三维游戏动画的海洋里。

2

在确定专业方向后，我们迎来了第一个任务——合作作业，我需要和游戏设计、游戏建模的同学合作，完成一个简单的游戏制作。也正因这一契机，我从一个普通的游戏玩家，摇身一变，成了游戏制作人，那感觉简直太奇妙了！

那段时间，我们小组成员一有时间，就会积极开会，一起讨论游戏的制作细节。从游戏基本玩法到故事背景，再到关卡的剧本情节。我们的奇思妙想互相碰撞着，不断擦出灵感的火花，逐步建立起游戏的雏形。让最初的一句话、一个想法，变成游戏引擎中的一个关卡，直到生成一个几十秒的游戏视频。这个过程非常有意思，我们可以从中体会到全心创作的乐趣。

在那次作业中，我负责给游戏角色设计动画，也兼任角色的骨骼绑定工作。我拿到的角色模型是一个披着红色斗篷的完美骑士。我先给他安装上了一个像人类一样的骨骼，并为骨骼设置好控制器，这样骑士就可以行动自如了。游戏过程中，这个骑士角色做任意的动作，都是丝滑流畅的。在设计动作时，我参考了现实中欧洲骑士的礼仪以及剑术动作，为他设计了符合其特性的基础动画：走路、跑步、跳跃、攻击、死亡。

在这一套动作中，让我最花心思的是骑士的攻击动作。为了体现人物的警敏度，我着重设计了他的手部动作，如待命的手势、行动的手势、突袭的手势等，每一个手势都代表了不同的骑士语言，再配上宽大帅气的重剑作为攻击武器，能带给玩家所向披靡、目眩神迷的游戏体验。

这虽然只是一个小型的游戏制作，动画的需求量不多，但也让第一次制作动画的我感到压力巨大。那段时间，我每天都要趴在电脑前画图，不断地进行修改，力求呈现出最具创意的游戏动画。在游戏测试环节，我看着屏幕上那个自己亲手设计

的小人儿，在冰冷的计算机模型内有了神态，渐渐能张嘴、摆手、踢腿……就像是见证了一个小生命的诞生。我的设计赋予了他灵魂。那时的我，心情激荡不已，喜悦和成就感相互交织，久久难平。

3

除此之外，我最难忘的经历，大概就是表演课了吧。可能看到这里，有的同学要发问了："为什么学动画，还会有表演课，这不是跨专业了吗？"其实，我们不仅要学表演课，还要认真学！动画表演，可是我们的必修课之一。和其他动态艺术一样，学习表演很重要，所有动画师也都是演员预备役。我们需要学会用身体讲故事，学会微表情、神态、动作的使用，只有清楚了动作原理，才可以更好地运用到动画角色身上。因此，路过我们教室的人时常能看到这样一幅画面：一群人在教室里或是挤眉弄眼，或是手舞足蹈，堪称群魔乱舞。我们并不是没有认真上课，故意搞怪，而是不少动画角色会采用夸张的表演方式，比如将眼睛瞪成铜铃、将肚子胀成大气球……这都是为了增加动画的戏剧性和幽默感。

甚至有的动画角色还是非人类！这时，我们就要放下身段，去模仿小动物。

我也曾在一堂表演课上"出糗"过，记得那时，为了更好地给小狗做动画，我开始观察、模仿它。表演时，我不顾形象，在地上打滚，时不时再"汪"一声，使尽浑身解数，只为贴合小狗可爱好动的形象，引来全班大笑，挺不容易的。

在我看来，演技不是一朝一夕可以提升的，但为了做出更好的动画，我们在幕后下足了功夫。在很长一段时间里，我们都会在宿舍练习表演。每个人手里都拿着一个小镜子，对照着某个动画人物，模仿他们的表情动作，刻意放大原本正常的表情，演绎得搞怪俏皮，再互相指正。宿舍里也因此经常笑声不断，乐趣多多，大家都觉得挺有成就感的。

最后，作为一个动画专业的学生，我很希望各位可以报考动画专业，和我一起共同奋斗，但我也希望各位同学思考清楚，是否有勇气迎接动画专业带来的挑战。我在学习时，也常因学业压力感到焦虑，但每每突破难关，总会看到更美好的风景。我觉得学习动画专业，就像在挖宝，前期艰涩，但只要坚持下去，就能收获属于自己的那份宝藏。每一次制作动画，我都全身心地投入，因为我是真心热爱这个专业，那种充实与快乐，非常美妙。在未来，愿与你们继续深耕动画领域，用动画讲故事，共同建造一个梦与狂想的王国。

读了"心理学"，就能成为更好的自己吗？

❋ 棋玖

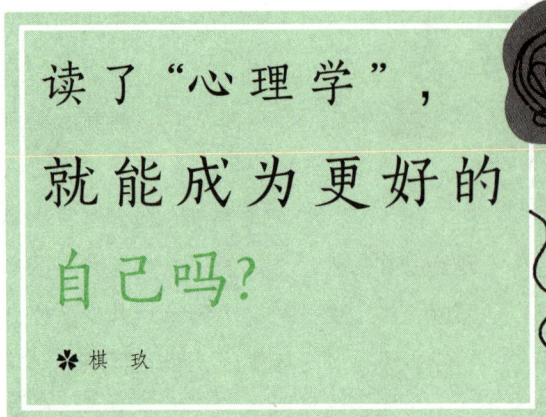

不知你可听说过精神分裂症、抑郁症、自闭症等心理疾病？

不知你可见识过犯罪心理大师的传奇推理或是心理咨询师的奇妙催眠？

心理学，似乎就是这样一门神奇的学科。

许是沉浸在这样奇妙的"幻想世界"许久，尽管高考分数比一本线高出很多，但是我依然坚定地选择了心理学这一专业。

进了大学，我才发现，和许多被迫调剂到这个冷门专业的同学不同，我几乎是专业七十多人里面，唯一一个以本专业心理学为第一志愿的学生。

○○ ── 1

心理学是研究心理现象的科学，而不是部分人误解中的"算命学"——给人看脸看手相的，或者是"死背书"的——心理学要做实验，心理学学生要具备科学素养。

和其他理学科目类似，本学科下的二级学科有基础心理学与应用心理学之分，其中基础心理学研究心理学基本原理和心理现象的一般规律，应用心理学研究心理学基本原理在各种实际领域的应用。

作为一门中间学科，心理学看起来可有可无，实际上必不可缺。这也就导致了从大一开始，我们要学习的不仅有心理学的相关知识和实验方法，还要学习其他基础性知识，既有文科类专业所需要的背诵功夫，也有理科类专业的数学原理与实验操作。

高数很重要，但更重要的是基础统计学知识，在以后不论是实验法还是问卷法的研究中，都有广泛的应用。

虽然与医学并不相同，但我们也要了解基础的生理学知识。生理心理学是必学的基础课程，部分大学在设置课程时会给新生安排基础解剖学的学习。但以我个人经验来看，不会有上手实操解剖的部分，而是观看蛙神经反射等解剖实验视频。

计算机知识也很重要，心理学研究常用的软件有 SPSS（社会科学统计软件包），其在问卷法研究的结果统计和分析上相当方便。绝大部分实验法研究需要实验室环境和专业器材，尤其与脑科学、神经相关的精密仪器造价不菲，并非所有大学都有此类条件。在进行实验时，有部分需要自己根据说明书和教程上手学习全英文软件的使用和实验程序编程。本科生常接触的相对便宜的器材就是反应时测定仪等。

本学科要学的专业课内容就更"花哨"了，基础心理学、实验心理学、心理测量学、教育心理学、临床心理学、社会心理学、儿童心理学、心理学史……另外还有可以根据自己兴趣爱好、专业发展方向等选修的微表情心理学、犯罪心理学、情绪心理学、心理咨询等。

大众认知中的心理学、心理咨询师、心理疾病等，绝大部分来自国内外影视剧中的形象，"犯罪心理"系列剧集中强大到近乎无所不能的破案大师、微表情大师，电影《雨人》中孤独但又学习能力超强的自闭症患者，电影《美丽心灵》中传奇又伟大的精神分裂症数学家……

无可否认，这是一门从外国传入我国的学科，心理学的起源和早期发展集中在欧美——威廉·冯特于1879年在莱比锡大学创立了世界上第一个专门研究心理学的实验室，这被认为是心理学成为一门独立学科的标志。

我国在心理学的研究上起步较晚，在历史底蕴上略有不足，在前沿领域的研究也略显逊色，因此英语的学习很重要，需要阅读相当多的外文文献，目前的热门研究方向与医学类相关，在脑与神经方面。

○○ **2**

想在基础心理学上有所建树的学生，深造是相当有必要的。像我们这样的心理学学生，如果一开始选择的就是应用心理学专业门类而非基础心理学专业门类，在高年级时会有两个方向选择，一是心理咨询，二是人力资源。

心理咨询方向培养的就是广义上的心理咨询师，但心理咨询师与心理医生或者说精神科医生不同，心理咨询师仅能为普通人提供心理咨询，不具备治疗病患、诊断和开方的资格。

在2017年人社部公布的《国家职业资格目录》中没有心理咨询师职业资格认证，这意味着国家取消了心理咨询师资格证的考试。目前仍有的心理咨询师证书，一部分是在此之前考取的，依然保持效力，一部分则是各省市心理协会推出的，有一定的效力，尤其是部分沿海发达省市。还有一部分是私人机构推出的，这种风险较大，含金量比较低。

但不论是本科还是研究生出身的心理学专业学生，在选择成为心理咨询师后，依然需要进一步学习并始终保持海绵吸水一般的状态。不论是接待来访者的语言技巧，还是咨询手段，都需要做进一步的训练与学习。咨询者也更青睐有经验、有资历、更为亲和的心理咨询师为自己做心理咨询。

人力资源方向培养的本科生多会进入企业工作，相比心理咨询方向在就业选择上会更有优势，常规的就是HR（人事），此后发展看企业对员工的晋升和培养方案。

心理学是一门极有前景的学科，在城市人心理问题愈发复杂的当下，在科技手段一步步代替人力工作的当下，心理学必是一门无法被替代的新兴学科。

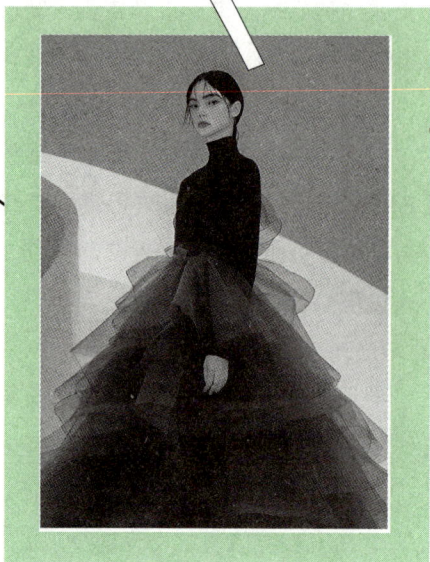

服装与服饰设计：

指尖制衣的浪漫艺术

✽ 斑竹枝

提起服装与服饰设计，你会想到什么？是像《穿普拉达的女王》那样，轻松几笔就能勾勒出天价服装，在各大时尚秀场举办时装发布会，轻松收获掌声和鲜花；还是在宽敞的办公室，轻晃着咖啡杯，上班就是在试穿各式潮流服饰？其实，真实的我们是对着电脑，不停修改一版画稿，或是坐在缝纫机前从早到晚地"咔咔"踩缝纫机。下面，就请跟随我了解服装与服饰设计专业，一起揭开它神秘的面纱吧。

学习。学习过程中除了服装制版之外，更加偏重服装设计的方向，注重艺术创作、设计灵感的转化，该专业一般开设在美术学院或综合类大学下属的艺术学院。服装设计与工程是工科类专业，和服设一样，都会学习设计类课程，但是会更偏重功能性，注重服装立体剪裁、服装工业制版等，学习过程中也会涉及高数、化学、物理、工程力学等工科课程，是一个浪漫的硬核工科专业。

服装与服饰设计和服装设计与工程有什么区别

虽然这两个专业名都带着"设计"二字，毕业后也都可以做服装设计师，但还是有所不同。服装与服饰设计是艺术类专业，只招收艺术生，需要通过艺考才可以

学习服装设计，不就是画画图吗？

学习服装设计，不就是画画图吗？

每当和亲朋聊起我的专业，他们总会说："学习服装设计，那不是很轻松，每天只要画画图就可以了？"其实，在设计

服装的过程中，画设计图，只是一个环节，若用一句话形容我们的专业，那就是实操从一张设计图纸到成衣的全过程。每一次设计服装，都是一次充满浪漫的挑战。一件优秀的服装，要经历灵感收集、多次绘制修改效果图和款式图、面料确定、面料测试、工艺细节讨论与修改、样板制作及调整直至样衣完成。因此，我们本科的课程也很丰富多样，既有理论课程，也有实践课程：设计素描、设计色彩、时装画技法、服装面辅料及应用、服装款式设计、服装结构设计、服装工艺与制作、服饰配件设计、服装CAD（计算机辅助服装设计）、立体裁剪等。

除了多样的课程之外，我们也常会进行头脑风暴，比如：在老师布置寻找灵感的作业后，化身"灵感神偷"，满世界寻找可以启发自己设计的灵感，如有趣奇妙的梦境、一株新生的小苗，而画廊、歌剧院、电影、舞蹈更能激发我们设计的灵感。甚至，连写满书法的废旧宣纸，也可以搭配桌布，拼接而成一条改良版国风裙子。当然，学习服装设计，也需要良好的体力，我们会经常到面辅料市场上"采风"，学习专业的面辅料知识，了解新兴面辅料。或是在大街上、服装店里、时装秀场上，实地调研流行风向。

在学习过程中，最令我念念不忘的是那些趣味十足的实践课。我曾在服装配件设计课堂上，用毛线纤维、丝绒布、布条混搭成一株五彩缤纷的珊瑚丛，着重体现物体的明暗变化，赋予珊瑚丛抽象的新兴表现形式。女装高级定制课堂上，我设计了一款赛博朋克风格的短裙，我采用钉珠工艺，搭配平钉珠和立体钉珠，使短裙充满立体感，又结合锡纸、亮片、珍珠，增添服装的光泽度。对我而言，每一次设计服装都是灵感、服装配件、面料之间最奇妙的碰撞，我也很享受这个从无到有的设计过程，更能从中体会到创作带来的愉悦。

在上海时装周实习的奇妙经历

在上海就读服装与服饰设计专业，一大优点就是，可以"近水楼台先得月"。每年春夏和秋冬上海都会举办时装周，那时秀场都会招募志愿者，这可是每一个服设生都不会错过的实习机会。

我在大二时，也做过秀场后台志愿者，主要帮助模特穿衣。穿衣服这谁不会？但放在堆积了全部模特服装的时装周上就非常烦琐了，密密麻麻的服装搭在一起，每一个穿衣助理都在抢着拿下一套服装，非常忙碌。那一次，我负责的模特一共有5套服装，每套服装都是由不同的服装设计师设计的，我需要记住每一个设计师的服装搭配，在不到5分钟的中场时间里，光速给模特脱衣，并给模特穿上合适的服装、鞋子，戴上配饰，有时我也需要调整配饰和修补服装，来应对秀场的突发状况。

当然，这份工作最赞的就是，我可以看到第一手的潮流服饰，可以亲身了解走秀全过程，最重要的是我有机会和品牌方沟通，了解其服装调性。同时，也可以认识很多模特，为自己积攒人脉，这些对我以后的服装设计工作都会有很大助力。

在秀场结束后，通常会有买手订货会。这就像一个品牌方和买手之间的桥梁，品牌方通过订货会，推广自己的服装，买手购买适合自己店铺风格的服装。我这次的工作职位是在品牌方担任销售助理，主要的工作内容是了解品牌产品。我负责的品牌方，这次带来了两个系列的服装，一个是街头潮酷风格，一个是韩式少淑风格。我需要熟悉品牌，包括品牌故事、设计灵感，也要协助销售，协助接待买手，记录相关订单数据，维护好陈列样衣。最大的收获是我可以了解订货全流程，也可以清楚买手的偏好，是一个极棒的市场调研体验。

关于未来，我们有更多的选择

关于未来，我们有更多的选择

结合我和我身边学习服装与服饰设计的同学，我觉得服设生毕业后，主要从事两个职业，一个是服装设计师，另一个是服装制版师，前者注重创意设计，后者负责把服装设计师的画稿变成样衣。当然，如果你认为我们服设生只可以从事上述两个职业，那格局就小啦。比如：如果你性格热情开朗，还有点儿社牛，可以从事时尚圈里的时尚公关岗位，主要负责联系达人带货、维护对外关系、策划组织展会等。如果你总有天马行空的设计灵感，又不想拘泥于时空、面料等的限制，可以做虚拟

服装设计师，尽情发挥自己的想象力，让所想即设计。

对服设生来说，读研也是一个不错的选择，可以选择在北京服装学院、东华大学、天津工业大学、武汉纺织大学、浙江理工大学、江南大学等服装强校继续深造。当然出国读研也是一个不错的选择，如果你更喜欢创新，总有新奇有趣的点子，可以选择去欧洲国家。如果你喜欢制版，可以选择像文化学园大学一类的学校，你可以学习到对服装整体和细节都精益求精的匠人精神，也会接触到像皮毛、手缝西服、麂皮之类的高级面料的处理方法。

总而言之，服装与服饰设计，是一个极具魅力的学科，它兼具艺术的魅力和技术的工艺性，是一个化腐朽为神奇的专业，无论选择什么方向都可以找到自己的价值。

学姐寄语

即将高中毕业的同学们，是不是觉得服装与服饰设计专业非常有趣呢？那就来选择它吧，选择服装与服饰设计专业，你可以体验到剪裁和制版的乐趣；也会在艺术的不断熏陶下，提升自己的审美能力，善于从细小处发现美的本质；也可以尽情地奇思妙想，亲自设计出专属于自己的服装；也有机会参加学校组织的时装走秀活动，在聚光灯、鲜花和掌声中，实现自己的梦想，迎接自己的高光时刻。

适合人群：热爱时尚，有较好的审美能力、视觉想象能力，善于创造，有一定手绘造型能力的艺术生。

从象牙塔的
理想到现实

"祝你顺利毕业，祝你找到工作，
祝你不被大风刮倒，
祝你慢一点变成自己讨厌的那种大人。
祝你的每一分努力，都有好运托底。"
——大学毕业赠言

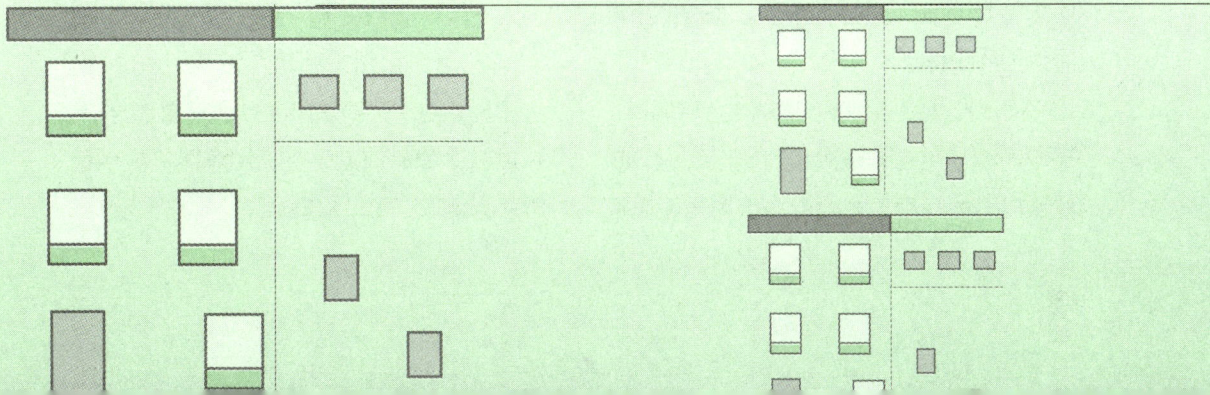

没复习十本 蓝色生死恋，医学生都不好意思生病

✽ 持 墨

来源：公众号"网易上流"

普通人绝对不想进的地方，医院一定是其中一个，而对于医学生来说，让他们不想去医院的，除了生病，还得加上一条——"我不想参加考试啊啊啊"。

当医学生身体抱恙，走进诊室大门面对办公桌后的医生，不小心脱口而出"老师好"这句话时，他就知道"完了"。

我不是来看病的吗，怎么在考试

对于医学生们来说，还没开始正式看病就自曝身份，就意味着，原来脱离了课堂看到老师，很有可能是要交挂号费的。

"医……老师好！"

"是你啊，哪里不舒服？"

"我拉肚子，额，腹泻伴发热一天了。"

"嗯，那你考虑是什么？"

"……急性肠炎？"

"还记得课上讲的治疗目的和用药吗？"

医学生表示：这并不是我想要的医院有熟人的情况。

当然，直接遇到熟人毕竟是概率事件，更多的医学生在走进本校附属医院时，就注定了"掉马甲"的命运。因为当学生医保卡被识别的那一刹那，医生的电脑桌面有可能就会直接弹出"该患者为临床医学生"的网页消息。

"是医学院的学生吧？"

"……是，临床大三的。"

当医生笑着问出这句话时，一半是看病，一半是"哦，原来是医学生啊，那顺带考察下"的问诊之旅就开始了。此后，医生的语气可能会突然熟稔，带着彼此能互相理解的默契。

有时，会来一场课堂提问。

有时，不仅要被提问，还要被"抓壮丁"，被提出："不然你这个病历自己写下？"

当医生们试图寓教于乐，询问"你看看，你这种情况想吃点啥？"时，明明是想引导医学生给自己开药，却问出了点餐的感觉。但这一问一答，却让医学生的看病经历一下变成了考试现场。后边如果有其他同学目睹惨状，学渣都得病中偷闲，回想下自己的症状学到了没，不然就假装大一的吧。

总之，和别人相比，医学生去医院，主线是看病，还要随时准备"打副本"，而开启副本的时间点，甚至还可能提前到请假那会儿。

"老师，我发烧想请假去医院。"

"把你发热的鉴别诊断和处理说出来，我就准假。"

因为学长学姐们有太多这样的前车之鉴，自嘲"半桶水"阶段的医学生，在形容自己哪儿不舒服之前，都要打好腹稿，不敢用专业名词暴露身份，以免医生来一句——"学医的吧，你哪个专业的？"

医学生在线打假

多年来，人们关于高中的学霸学医前VS学医后的认知，大多还停留在表面现象：我变秃了，也变强了。

只有医学生们自己才知道，学医前后的自己，从内而外，从精神到肉体，从品味到爱好发生了怎样的变化，直接导致的后果是医学生们发现——妈妈，我再也不能愉快地看所谓医疗剧了。

别人看剧："啊好甜，我嗑到了！"

医学生看剧："我是在玩《大家来找茬》吗？"

开场一个暴击，就是代表身份的白大褂。电视里的医生们奔跑着抢救生命时，那在风中猎猎飞扬的白色衣角，不仅美丽而且烘托出剧情的急迫与紧张。那些堪比高定的韩式收腰白大褂，穿在帅哥美女的身上，反而比医院里下了夜班后油头黑眼圈的老师们穿起来更像卖家秀，整洁挺立充满了精英的气质。

医学生们却会忍不住说："白大褂不是风衣，是避免里头衣服弄脏的医生制服啊！"

被吐槽了太多后，一些医疗剧终于有

所收敛，但凡有符合实际的场景出现，就会收获"终于有医疗剧把白大褂扣子扣起来了""终于有医疗剧的医生不穿白大褂去食堂了"的褒奖。

但总有更多在等待着刺激下一个追剧的医学生。

曾经有2012位医生参与"是否发现过医疗电视剧有错误"的调查，结果85.8%的医生表示在医疗剧里发现了bug(错误)。如果给医疗剧中的bug们列一个"让医生难以忍受的桥段清单"，那么女医护在医院里披头散发、徒手掰安瓿瓶、戴着无菌手套又伸手推眼镜等，这类无菌操作不规范的情况是医学生们吐槽的重灾区。

而影视作品为了追求"好看"的视觉效果，硬生生把"错误操作"在屏幕上变成"常规操作"，并荼毒无数观众，这不仅让医学生们发出"怎么能这样"的惊呼，甚至还被写成了论文。

研究者看了31部、多达836集的医疗剧后，揭示了医疗剧中CPR(心肺复苏术)的特点：大多数CPR都做得不准确，可治疗效果却比现实中好得多。

医疗剧里永远不会缺席的不止有CPR，还有电击除颤，在心电图呈一条直线，急救医生剪开病人的衣服、拿除颤仪这一套行云流水的镜头后，被画面强调的还有病人被电击后蹦得老高的身体。然而实际上此时应该施以按压，而且除颤时病人身体并不会随之反复弹起又落下。

而在影视剧里发现一些完全置医学常识于不顾的错误时，被雷得"外焦里嫩"的医学生们，已经无法用"送分题都不会做"

来形容那种感觉了。

单纯的医学生看医疗剧可能只是充实了错题库，但对人生规划十分清晰的人，却看到了剧里的另一个bug——剧里的医生们太年轻了吧！不到30岁就当上了主治医师、主任医师？

对比下自己，快30岁才博士毕业的医学生不禁流下纵横的老泪。

医学生被考问的一生

作为越老越吃香的行业，医学生们这辈子就和学海无涯深度绑定了。

临床医学本科5年，研究生3年，如果继续进修博士，还要3年。一位医学生想要进入三甲医院，一般要有博士的学位，这意味着很多人要一直读到二十八九岁才能正式拿下一个编制。

其他专业的精英们三十而立，已经在本行业做出了一定的成绩，履历精彩。而医学生的三十而立，可能才刚刚正式进入职场。从医学生—医士—住院医—主治医师—副主任医师—主任医师，医学生打怪升级之路上的每一步进阶，都要耗费不少时间与精力。

毕业生们经过3年轮转规培，先取得《临床住院医师规范化培训合格证书》，才有资格继续考下笔试通过率30%左右的《医师资格证》，证明自己具有独立从事医疗活动的技术和能力。

医生们的新手身份"住院医"，无疑是医生们升任主治医生前非常重要的成长阶段。在病房连轴转地工作，肉体的疲劳可能倒是其次，住院医面对的考验，是从大体老师、假人模型到活生生的病人。昨日的医学生，今日的住院医，为了帮他们尽快适应这转变，上级医生们还会愉快地伸出援手。

查房时、病例讨论时，住院医就是前辈老师们提问的焦点，最怕的不是一问三不知，而是问题都回答了，却不知道"错在哪儿""怎么对的"。而很多本科生毕业后，这样的住院医生涯一过就是5年。

升了主治医生后，面对的考问也只多不少。别人春节回家，亲戚朋友的经典三连问是：在哪儿工作呀？工资多少呀？有对象了没有呀？而医生越做越厉害，回老家过年，就等同于义诊。在网络问诊平台，则可能成为在校医学生的编外教师，在线真人辅导。

而比医学生看病更可怕的事情是，你做了医生后，老师来看病。

华西医院的官博曾说过一个故事：一位退休老专家来院就诊，不少大拿都"不敢"给昔日的老师查体、写病历，此时站出了一位年轻人，后续是老专家把年轻医生写的病历批改了一遍，然后要年轻人再改一遍……

在校医学生回答不上医生的提问，那可能是还"没学到"，但当了医生后，给老师看病，依然要面对经验的碾压……可能这就是医学生学无止境的命运。

医学生们努力学习的目标，或许不仅在于实现儿时的梦想，还在于希望无论什么时候，不管碰到的是学生还是老师，都能不慌不忙，专业应对。

就要做保姆吗？

进了家政行业，

❋ 佚 名

假如你是一个刚毕业的大学生，面临找工作的难题，现在有两份工作摆在你面前：月薪 8000 元、带一群小孩的临时教师 VS 月薪 15000 元、带一个小孩的住家保姆，你会如何选择呢？

有人就这一问题对一部分在校大学生进行了提问，然后有 50 名同学给出了自己的答案。其中，有 39 名同学选择了月薪 15000 元的高端住家保姆，仅有 11 名同学选择了月薪 8000 元的临时教师。

也许在很多人眼里，家政从业人员主要是四五十岁以上的中老年人，但如今，随着人们生活质量的普遍提高，工作节奏的加快，家政需求更加旺盛，家政从业人员也逐渐呈现出年轻化、专业化的趋势，不少二十出头的年轻人开始进入家政行业，行业内甚至出现了不少高学历人员。

你了解家政服务吗？

家政服务是指将部分家庭事务社会化、职业化、市场化，由社会专业机构、社区机构、非营利组织、家政服务公司和专业家政服务人员来承担，旨在提高家庭生活质量，以此促进整个社会的发展。

专门以家庭为工作场域，围绕家庭成员的需要去提供相关服务的人员，被称为家政服务员。在过去，其曾被称为"保姆""家务工"，原意是受雇替别人照管孩子、料理家务的妇女。20世纪80年代，我国家庭结构与功能发生变化，原本分散的、自发的、微量的家庭生活服务需要逐渐成为一种普遍的社会需求，进而催生了一个新的职业——家政服务，并因此产生了从事家政服务的职业人群，即"家政服务员"，这中间也有一些男性加入。

2000年，我国原劳动和社会保障部正式认定"家政服务员"这一职业，自此家政服务被看作社会分工下的一种行业。此外，国家社会保障部门还出台了相关文件，详细规定了这一职业的资格等级要求、工作环境条件、职业能力特征，以及从事这一职业的人员的基本文化程度、接受培训内容和鉴定要求，规范了从事这一职业的基本要求，并进一步规范了行业管理。

近些年，中国家政服务业市场规模增长较快，已经进入了万亿级市场行列。

年轻家政从业人员现身说法

近年来，不少年轻人投身于家政行业中新兴的整理收纳、到家烹饪、母婴护理、育婴早教、家居养护等方向。其实，这些方向的入行门槛并不低，大多需要持证上岗，如教师资格证、育婴师证、母婴护理师证、营养师证、管家证、厨师证等证书。

一些年轻的家政从业人员纷纷在不同平台就家政工作分享了自己的体验。

1. 高学历保姆并不只是打理家庭事务

取得师范院校硕士学位并有丰富工作经验的"95后"网友A在2021年进入了家政行业，她目前月薪2万，所从事的工作可以归纳为三个方面：一是接送小朋友上学、放学，包括各种辅导班的接送；二是指导小朋友的学习，对小朋友的兴趣爱好进行培养；三是负责日常的家务，比如基于营养搭配制作不同的料理，规划物品库存，整理收纳，保养和熨烫衣物。

某师范大学2021届本科毕业生网友B在2023年进入了家政行业，她的工作内容和网友A的差不多，但家务方面的工作少一些，只需要接送小朋友上下学、辅导小朋友做作业、陪小朋友玩耍，为雇主一家准备健康营养的中西式早餐，周末下午再准备一顿下午茶。相应地，她的月薪低一些，在1.5万左右。

高学历保姆的日常工作不局限于简单的做饭、打扫卫生，更多的是运用专业知识帮助事业繁忙的雇主系统管理家庭内务，并且给予雇主及其家人尤其是小朋友更高质量的陪伴。有关调查显示，有意向从事这一行业的多为师范类、语言类、护理类专业的毕业生。

2. 母婴护理员要开展身体和心理的双重护理

护理学专业出身、29岁的网友C约从2020年起从事母婴护理工作，她指出母婴护理这个领域主要涉及产妇的产后修复、母乳指导以及新生儿护理、婴儿抚触等工作，专业性较强。另外，"月子"期间的妈妈情绪波动较大，身为母婴护理员，不仅仅要懂得护理妈妈们的身体，更要懂得呵护妈妈们的心灵。

总的来说，母婴护理员的服务对象主要是产妇和新生儿，工作内容分为产妇照料、新生儿护理两方面，服务场所通常为医院、雇主住宅和月子会所等月子服务机构。

母婴护理员是近年来兴起的新兴职业，拥有母婴护理师证书可以提高求职竞争力，拓宽就业渠道，而母婴护理师证书需要通过专业的培训和考试才能获得。

3. 整理收纳师，重在让物品保持整洁又便于使用

大家眼中的收纳工作是不是动作熟练地把衣服或折或卷，放入收纳盒，然后把衣物按照顺序陈列、悬挂在衣橱中，抑或是把散落、堆积在房间里的各种物品摆放整齐，这样的呢？

事实上，收纳并不等于收拾。据有着6年整理收纳从业经验的网友D介绍，整理收纳师的服务内容包括全屋整理、衣橱整理、搬家打包等相关整理业务，并且这份工作有着一套细致化的服务流程。她还表示，在服务的过程中，他们不会局限于单纯的整理收纳，而是通过整理收纳的规划设计，在整洁的居家空间中"焕新"雇主的收纳习惯与生活态度。

一般来说，整理收纳师的工作内容包含以下四方面：一是上门拜访客户，了解客户的生活、工作习惯及整理诉求，开展空间尺寸测量、收纳诊断等工作；二是制定整理方案，包括收纳空间规划与改造、物品识别与分类、收纳用具规划与采购等内容；三是进行实际整理，这期间引导客户参与，指导客户学习物品分类、收纳、标记、寻找、淘汰等相关知识；四是对客户进行回访，解答客户自主整理过程中遇到的问题。

已在整理收纳领域闯出一番天地的"95后"网友E也提到了自己的一些工作情景，比如整理收纳师进门后也有讲究，第一步要做好个人消毒，将手机、随身物品等放到一边，并主动向客户提供体检表

或健康证明。紧接着，就是安装人形追踪摄像头，方便客户随时"监工"。此外，她还说整理收纳是一份对体力要求极高的工作，她经常累到腰酸背疼，几个小时下来一口水都没喝，走出客户家后得先倚着防盗门歇口气，"回回血"。

业内人士透露，因国家尚未建立起统一的行业培训标准，如今市场上所谓"整理收纳师证书"，都不是国家相关部门颁发的职业资格证书。因此，小伙伴们在挑选培训机构的时候一定要擦亮眼睛，提前做足功课！

当然，网友们还提到了入行之后所遇到的一些职业偏见与壁垒。

"虽说人人平等，但是我们时不时都能感受到，这个社会对家政从业人员的偏见一直都在。"

"我非常喜欢小朋友，很想接一些母婴、育儿方面的客户。但不管我怎么介绍自己，或是把证书摆成一排，客户都不接受，只是因为我年龄小，不放心。"

"目前整理收纳服务缺乏行业标准，所以当前行业内的报价、服务标准都是比较主观的，有时候客户就会对我们的收费不理解。"

综上，这个世界上没有轻轻松松的成功，高薪的背后隐藏着不怕苦不怕累的精神支撑、众多技能的加持和持续不断的学习。

家政行业有门可入

现代家政服务是一项综合性工作，已成为城市居民的一项普遍生活需求，当前国家十分重视其发展。为促进家政服务业提质扩容，实现高质量发展，国务院办公厅于 2019 年印发了《关于促进家政服务业提质扩容的意见》，其中就提到了要采取综合支持措施，提高家政从业人员素质，包括支持院校增设一批家政服务相关专业。

近年来，家政相关专业的毕业生一直排在各大就业排行榜的前列。如果同学们有意进入家政行业，那么可以在填报高考志愿时抓住机会。

2003 年，吉林农业大学在我国高等教育领域开了先河，设立本科家政学专业。而后，河北师范大学、哈尔滨商业大学、太原师范学院、湖南女子学院、南昌工学院等高校亦跟着开设了家政学专业。

据悉，家政学专业旨在培养掌握家政管理、家庭教育、营养饮食、老人护养、婚姻指导、消费策划等专业技能的高素质家政学专门人才。纵观相关高校开设的家政学专业所设置的课程，家政学学子通常需要学习家政学概论、家庭教育学、家庭社会学、家庭营养学、婚姻家庭法等课程和家政实务，涉及面相当广。

"不同于普通家政人员，大学生历经社会学、心理学的学习及各种家庭服务技能培训，综合能力强，更符合我们选拔高级家政人才的要求"，某家政服务机构董事长曾表达过市场对专业人才的需求。吉林农业大学的一位辅导员也表示，该校家政学专业毕业生就业率超过 80%，甚至达到 90% 以上，首届毕业生大多选择了改行，而近几年改行的仅占 10% 左右。

广告人：
创意是我的
精神支柱

❋ 二 十

当你有一个做广告营销的老爸，那么恭喜你，你将会经历一场二十几年的营销游说，最终像他一样，选择广告营销。

每一个选择这个行业的人，都是从这里或那里窥见了广告世界的一角，仅仅一瞥，便发现了这个世界充满无限可能：一句文案促成千万成交、天马行空的创意、无休止的创意脑暴、给世界讲无数个故事……

这就是广告对于不安分的人的致命魅力，让人看了头脑发热。

上高三的时候学不进去英语，就把美剧《广告狂人》来回看，男主总是在最后关头想出一个让甲方拍案叫绝的创意，让我想着高考当天也会有让人拍案叫绝的发挥；高考结束，在同学都焦头烂额不知道选什么专业的时候，我不担心，因为一心只想着传媒专业；上了大学，天赐良缘，看到一个一直很喜欢的跨国广告公司在招人，就拿着一本自己捣鼓的广告作品集战战兢兢跑去面试。

谁知道，一周后我的广告公司生涯正式开启，就是它了！

一

在广告公司待久了，看什么都不奇怪了

在广告公司待了一年后，你会发现，碰到任何奇怪的东西你都不觉得奇怪了，

不奇怪反而是奇怪。

早上来到公司，文案总监 Jo 和创意总监 Carry 在身后追逐打闹互喷酒精消毒；美术和插画师在椅子上呼呼大睡；文案和 AE（负责沟通客户）吵得不可开交，后面得出一个结论——客户错了，然后两个人开始骂客户。

总监的小狗跑来闻闻我这个新面孔，后来因为咬电线被拎了回去。是的，在这里可以带宠物上班。而我要做的就是把前同事留下来的涂鸦桌子和涂鸦隔板换成我喜欢的风格，写上我的标语。这就是我作为一个广告人上班的第一天。

在我们公司，每个人都会有一个小本子，每个人都会把创意记下来，这就是广告人的"灵感之书"。如果你有机会打开它们，就会发现，不同本子代表着不同广告人的风格。

当时创意总监叫 Carry，每天一身潮牌，十个手指都戴着戒指，带着他的狗狗来上班；每周去耐克官网抽一次球鞋盲盒，所以办公室有着一座鞋盒堆成的小山。我刚来以为他兼职代购来着。他每天可以稳坐椅子长达十个小时，我们都说他是用椅子充电的机器人。他奉行的创意风格就是"好玩"，所以他的灵感之书里都是一些看不懂的涂鸦。他曾经说，如果他去应聘，就把简历画成漫画。

还有文案总监 Jo，第一天见到她的时候，她顶着一头草间弥生的红头发，像一阵风一样冲进办公室。她的性格像一头勇往直前的小狮子，个子不高，瘦瘦的，走路的时候，双手插进大衣口袋，短发随风扬起，下巴想要跟老天爷顶嘴似的扬起，素面朝天，表情骄傲倔强。明明是个幼稚鬼，但是工作起来是十二分的严肃，她的灵感之书里工整地记录着每个方案的文案。

除了他们俩，还有一群每天打打闹闹、性格各异的小伙伴，她们可能也是广告吸引我的原因之一。

当然，如果你以为做广告如此美好，那可能高兴得太早了。

（二）
是的，你对广告人所有的刻板印象都是真的

广告狗、加班多头发少、见人说人话见鬼说鬼话、每天换着段子换着表情包骂甲方……是的，这些关于广告人的刻板印象，都是真的！

广告创意人的日常工作就是输出创意，所以与其一个人掉头发，过几年就掉光，还不如一群人一起掉，平均下来，还能多撑几年。

所以我们的日常就是：定的七八个闹钟轮流响过以后，在床上思考两个重要问题——今天早上总监会不会上班？可不可以再睡一个小时？思考几秒后还是不放心，

无奈起床，结果十点半到公司发现自己是部门第一个到的。

冲了杯咖啡，打开当天热点，翻看对手的广告案例并表示不屑一顾，转而看起古今中外各路广告大神的神作，比如每年的各种获奖创意，再看看甲方群里有没有奇葩发言，在群里呼唤一下部门的小伙伴商量中午吃什么，等一群人终于磨磨蹭蹭决定吃什么后，部门小伙伴才为了吃饭赶到公司，放下狗狗，放下包包又转身出门吃饭。

如果你手头上有几个项目并行，那你就要承受甲方的轮番轰炸，在拿到一堆不讲人话的需求后，总监就会把一群人关进会议室，开始搜肠刮肚想创意，美其名曰"头脑风暴"。

广告公司各有不同，有大有小，但是有一个共同点就是会议室多。

通常来说，每个会都要开好几个小时，尤其是让人闻风丧胆的集思广益，碰到大公司逼稿的最后期限，甚至连续开好几天。三五个回合后，大家都脑汁绞尽弹尽粮绝，就自动转到了闲聊频道。这个时候，着急给客户反馈的客户总监着急了，一边忍着血压不要冲破头顶，一边给我们画大饼："大家再努把力坚持半小时，咱们把方向定了就去吃饭。"于是创意们又开始新一轮的搜肠刮肚，等大家大脑CPU（中央处理器）都快烧了的时候，方案有了雏形，草草定

了方案分工合作，接着冲去吃饭，8点多再逆着下班的人群回到公司，紧张的一天的工作终于——结束了？No No No！广告人的狂欢才刚刚开始！

回到公司就开始了文案码字、美术修图、创意总监坐也不是站也不是一脸便秘地想创意推导、客户经理愁眉苦脸地东拼西凑的工作流程。办公室常常还伴随着A的摇滚乐，B的抒情歌，紧锣密鼓、热火朝天、密不透风地苦战到深夜十一二点，有时候会更晚，衣服皱巴巴、双眼红通通的创意总监总算收齐作业，丢进方案PPT，跟气若游丝的客户总监简单复盘之后，广告人的一天才宣告结束。

三

广告人永远摆脱不了的不只是结节，还有甲方

如果说广告这个行业是一出舞台剧，那么永远不可能只是广告人的独角戏，因为还有另一个叫我们深恶痛绝、又爱又恨、卑躬屈膝的角色——甲方。

甲方，又叫"金主爸爸"，这样说你大概就能明白广告人（乙方）的立场了。甲方这种生物被我们分为三等，等级越高，越讨人喜欢。

第一等级的甲方，被我们称为"神仙甲方"，一句话概括就是"钱管够，你尽管做"。跟他们合作，广告人不仅可以做有意

思的广告创意，还能获得平等的沟通过程，俗称"站着把钱赚了"。在我工作的两年多时间里，只有幸碰到过一次，他们会在早上客客气气地把需求告诉我们，要求合理，价格合理，顺带还能体现一下社会责任感。有些神仙甲方会接受一些公益活动的提案，我们有尝试过给山区小孩建小学，提供爱心早餐，让人感觉做乙方原来还可以给社会做点贡献。而且，跟这类甲方合作的时候积极性是很高的，下班也是很早的。

第二等甲方，无功无过。他们通常下午给需求，一般合理沟通还是不太费劲的，这类甲方我们也是欢迎的。

接下来是第三等甲方，终于到了大家最喜闻乐见、广告人最深恶痛绝的这类了。原因包括但不限于下面几种：下班给需求明早就得要，想法一天一换，而且是要五彩斑斓的黑，没钱还要吃牛排。通常来说，我们也有一套应对技巧，那就是永远要保留第一版！因为在改了几十遍、把双方都改得晕头转向后，甲方就会说——"还是第一版比较好"。

（四）
最难受的不是加班，最难受的是创意就在那儿，我却抓不到

广告的 996 血统自古有之，为什么还有这么多人排着队往里跳？

我们也曾经讨论过这个问题，后面得出结论：干广告的人多多少少都有点"变态"。

坐在会议室里讨论创意，不知道过了多久，费了多少脑细胞，拔了多少根头发，总会在某个时刻，某个人说的某句话触动到大家，创意出来了，大家欢呼鼓掌，这就是广告人最幸福的时刻。在那个当下，没有人在想为什么加班，为什么那么辛苦，所有人一门心思在想着的，都是如何做到完美呈现。文案用他的 Word，设计用他的 AI，AE 用他的 PPT，一个办公室变成了一个战场，同事都是一起在战场上拼杀的战友，夜晚就在一群人插科打诨和轮流点歌中过去。

有一次我们做完方案，一起出门吃夜宵，我们问 Carry，做了这么久难受吗？

他说：最难受的不是加班，最难受的是创意就在那儿，我却抓不到。

这可能就是广告人独特的精神支柱，加班谁都可以，但是创意不是谁都能想出来的！经常看到很多外行评论广告人的文章，用一厢情愿的口吻，述说着广告人的生活和工作。可是如果你不曾跟同事奋战到深夜，不曾因为一个绝妙的创意欢呼，不曾因为创意被腰斩而伤心，不曾亲历广告人的喜悦和忧伤，你就永远体会不到真实的滋味。

早上起来洗把脸，路上继续留意人群的痛点，时刻保持敏感，新的一天就开始了。

建筑专业毕业的我，做了密室设计师

✳ 唐路路

马龙曾经亲手做了一口棺材，并和它朝夕相处了一个月。

白天，他就坐在里面工作，身边堆满了红盖头、红灯笼和刚刷好颜料的"人体组织"。晚上，他撑起一张可以伸缩的床，睡在隔壁的祠堂里。

这间房子，是马龙的一个作品。作为一名密室设计师，中式密室、暗黑风格的欧式城堡、经历核辐射的变异人等，他都亲手制造过。在氛围诡异的房间里活动，对马龙来说是常态，他甚至还要想怎么让这种氛围再浓厚些。

四年前刚从建筑专业毕业时，马龙每天都泡在工地和办公室里，过着重复的生活。那时的他没想到，有朝一日，自己会离开风吹日晒的工地，走进一间间狭小的

141

房间，创造虚拟的世界，"痛并快乐着"。

从工地到密室

马龙的第一份工作，是工程造价师。

刚毕业那会儿，他身边的同学都进入了传统建筑行业，所以他也去了，谈不上什么热爱和理想。

那是份烦琐的工作，他需要在施工现场和办公室两头跑，算清每一个工程项目的花销，系统地上报，行业里的人称之为"算量"。风吹日晒的辛苦倒不算什么，让人动摇的，是日复一日的枯燥。

总得先去做，才知道这到底是不是自己想要的。所以在踏踏实实做了一年工程造价师后，马龙决定辞职。"我是个比较天马行空的人，那个岗位不适合我。"

很快，闲下来的他就被朋友拉去帮忙了。当时，他的朋友想做密室，正好知道马龙的专业对口，就找到了他——那是他参与的第一个密室作品。一来二去，他就成了一名职业密室设计师。

现在，马龙主要负责密室的美工和场景设计，不过公司里岗位的划分没那么细致，像前期剧本的打磨、后期的砌墙，以及教 NPC 表演，他都会参与其中。建筑专业的经历，让他在密室行业成了一名"多面手"。

除了制作屏风、倒吊在空中的假人等道具外，马龙还会砌墙。对密室设计师来说，把一面清水墙变得贴合主题，是基本功，而装饰自己亲手砌的墙，是一件很有情调的事。

至于空间利用、排水、排电、选择哪种建筑材料能更出质感等技术活，马龙更具优势，它们早已刻在了建筑人的 DNA 里。

"虽然出发点不同，但做密室设计和做室内设计，本质上都是以用户的需求和体验为核心。"这不仅体现在玩家对游戏的体验感上，更体现在一些很难被看见的地方。

马龙做过的每一个密室，都有大量防撞条。门、转角、NPC 出没时玩家最容易被吓得跑起来的地方，都会设置防撞装置。"密室的灯光很暗，大家容易看不清，安装防撞条后，即便玩家撞上去了也不会受伤。玩家被床角、桌角磕一下会很痛，我们都尽量规避，希望大家可以怎么进来，怎么出去。"马龙说。

十个建筑人里，有九个喜欢把自己的工作称为"搬砖"，马龙到现在还保留着这个习惯，工作时朋友打来电话，他总会回复一句"我在工地搬砖呢"。每天和木屑、水泥、各种颜色的涂料打交道，他的工作服总是脏兮兮的，"看起来和真正的搬砖，没什么区别"。

这个行业要想走得更远，离不开建筑、美术相关背景的人才。招聘软件上，一些头部的密室公司都在积极招纳相关背景的人，但事实上，进入密室行业的建筑人并不算多。据马龙回忆，他接触过的密室工作室里，平均每家只有一两个建筑专业毕业的人。

做密室设计师，收入没有很高。以前行情好的时候，马龙的收入会略高于传统建筑行业，但现在只能勉强持平。传统的建筑行业内部，有明确的晋升机制和透明的发展前景，但做密室，则充满了不确定性——它的生命周期有多久、优秀的密室人才离开这个小众行业还能否吃得开，都是未知数。从本质来看，一切又回归到那个亘古不变的命题：选择安稳还是理想？

马龙没想这么多，他说："密室不火了，我就做其他的呗。现在实景行业很火的，花艺装置、景观我也会做。"

手艺人，不怕失业。

生存过的痕迹

马龙总喜欢说："最讨厌密室了。"

这不是玩笑话，很多时候，他都会产生一种抵触心理，因为他真的害怕。

特别是在做恐怖密室的时候，为了设计出更贴合主题的场景和道具，马龙不得不给自己营造出身临其境的感觉，睁眼闭眼都是恐怖的画面，做得越逼真越会把自己吓到。"有时候我会喊同事来陪我一起做，在身边帮我递递材料，多一个人会好一些。"

和棺材朝夕相处一个月的经历，更是加深了他的恐惧。当时，他们接了一个外地的单子，对方是几个创业的年轻人，为了给对方省钱，他们一合计，索性住进了密室里。"到后来真的每天头疼，我现在都不愿意回忆那一个月。"马龙说。

但更令他头疼的，是害怕和抵触的情绪过后，那种兴奋感和成就感。做道具的时候，马龙常常一回头就把自己吓得一激

灵。但当密室落地后，他只觉得"很享受"。无论是教 NPC 表演细节，还是看到玩家沉浸在自己创造的虚拟世界中，被吓得疯跑，都让他产生一种"自己的工作无法被替代"的快乐。

这是一个不受限制的行业，一切荒诞、跳跃、天马行空的想法都被允许。它不扼杀人的创造力，相反，它只会不断要求大家再大胆一点、再特别一点。密室是一个乌托邦，它呈现出的所有元素，几乎都游离于现实生活之外，只有人的情感与智慧连接密室内外。

马龙曾经看过一个视频，镜头对准的是一群特殊的清洁工。"日本的自杀率很高，经常会有人在出租屋里自杀，警方取证完之后，就会有清洁工上门，把房间里的血迹、尸体的臭味，包括这个人生活的痕迹都清理掉。在采访时，有位清洁工很平淡地说了这样一句话：'我好像把一个人存在于这个世界上最后的痕迹给抹杀掉了。'天哪，这句话好打动我。"

在这之前，马龙总觉得"人死了，骨灰一烧就没了"，但那一刻马龙却突然发觉，即便有一天自己离开了这个世界，也不会被完全抹去痕迹。"我的作品就像是把一件事情记录并保存了下来，而不是说消失就消失了。"那个瞬间，他对自己的职业，有了更复杂的情感。

密室行业，从低门槛到"内卷"

密室逃脱不是什么新鲜事物，它已经有十几年的历史了。

张易波是中国最早做密室逃脱的那批人之一。2013 年，他在石家庄开了两家密室逃脱店铺来试水。当时，他刚跳槽到新公司一个星期，公司就倒闭了，待业在家的他索性开始琢磨起创业的事，电视上正在热播的《辣妈正传》给他带来了启发。

张易波记得很清楚，那是《辣妈正传》的第 15 集，主角们在密室里商量开公司的事情。他觉得新奇，在那之前他压根不知道什么是密室。思来想去，他决定给在南方工作的同学打个电话，这一打他才知道，原来当时密室在上海已经很火了。他突然间就有个想法："这东西咱能不能做呀？"

随即，张易波就去了上海考察，没多久他心里就认定了，"这个行业门槛低，投入也不是很大，这事能成"。他决定先在石家庄开两家店，摸摸行情，一家开在了大学旁边，一家开在了商场里，只用了三个月，就基本回本。他看到了这一行业巨大的前景，当即成立了"易码密室"，专门为密室店铺提供密室设计和建造的服务。

可以说，张易波几乎见证了中国密室行业发展的整个轨迹。从最初的解谜，到机械密室，再到当下流行的沉浸式密室，每一次迭代他都参与其中，亲眼看着这一行从低门槛向"内卷"发展。

虽然密室的花样越玩越多，对人才的渴求也越来越大，但在他的"易码密室"里，建筑专业的人并不多。他有时甚至觉得，"建筑专业的人才来做密室这行，对他们个人发展来讲，其实是把路走窄了，他们去做工程、做设计，涉及的工作更复杂，如果想从密室再转出去，可能就有些困难"。

这些年来，"易码密室"取得了不错的成绩。国内最火的悬疑类综艺《明星大侦探》中，就有由他们提供创意的本子。他们还把密室卖到了法国、澳大利亚、马来西亚等国家。

这些国家的密室行业发展水平并不高，每一家都是主动找到中国来的。"我们的优势是可以做整店输出，在海运上也有足够的实力。"密室里的道具，都是在国内做完再运送出去。

张易波印象最深刻的一次经历，是做马来西亚的一个最大的密室。在密室的策划上，老板有很多顾虑，马来西亚有三分之一的华人，一方面他希望吸引到当地的华人来玩，另一方面又担心中国人设计的密室，本地人难以从文化角度上理解。所以当时磨合了很久，像"五行要怎么翻译""中国的跪拜礼在当地是什么礼仪"等小细节都包括在内，让张易波感受到了不同文化间的碰撞。

"一些外国人的脑回路和咱们也不一样，他们玩密室的时候喜欢掀床、凿墙，总觉得里面有东西。澳大利亚那家店的老板花了大价钱买了座钟，结果有位玩家出来以后，把这个钟所有的零件都整齐地摆在桌子上——被他给拆了——也很有意思。"张易波说。

在被问到"如何形容这份工作"时，张易波和马龙的回答出奇地一致：痛并快乐着。它的性价比未必很高，但"没有人不喜欢创造出一个世界"。

天文学研究：
我在宇宙中考古

✱ 李海宁

我从事的职业是天文学研究；关注的对象是银河系里上千万颗形色各异的星星，更准确地说，我追寻的是宇宙中最古老的星星；我的终极目标是，找到点亮宇宙的第一缕光。

我小时候的理想其实是成为一名考古学家。后来机缘巧合，进入同样酷炫的天文学领域。准备读博士研究生时，我发现竟然有"恒星考古"这个方向，兜兜转转，我以另一种方式实现了儿时的理想，成了一名"太空考古人"。而且我发现，在星空里考古的感觉居然相当不错，它带来的震撼也是难以想象的。

① 恒星考古，考的是啥？

太阳是太阳系的大家长，也是太阳系最重要的成员。然而，在浩渺无际的宇宙中，这个人类所仰慕和赖以生存的太阳只是一颗再平凡不过的恒星，如果按辈分来算，要排到恒星界的第 N 代了。而恒星考古最关心的是恒星界的老祖宗们——宇宙中的第一代恒星和第二代恒星。

根据现有的标准大爆炸理论，大约138 亿年前，宇宙大爆炸产生了大量的氢、氦和极其微量的锂。在这样的环境下，第一代恒星诞生了，第一次点亮了整个宇宙。可惜第一代恒星个头庞大，消耗能源的速度也异常惊人，所以都是"短命鬼"，只能活数百万年。最终，它们以绚烂而剧烈的超新星爆发结束了一生，将自己制造的各种新元素——碳、氮、氧、钙、铁、锌等，抛射到四面八方的星际中，继续孕育它们的后代——第二代恒星。

幸运的是，第二代恒星的个头比太阳还要小，因此能够一直活到今天，使我们有可能接收到它们的星光。由于从宇宙大爆炸到它们出生，时间间隔非常短，所以它们的年龄几乎和宇宙一样大。更重要的是，这些古老恒星有项非常厉害的本领，能够在自己的表面大气中保留出生地的特征信息。它们如同远古宇宙留下的化石，而通过它们追溯远古宇宙的过程和在地球

上考古如出一辙，因此被称为"恒星考古"。

② 星海捞针，没那么浪漫

和在地球上寻找恐龙化石一样，要找到真正的宇宙化石，绝非易事。以太阳附近的空间为例，每20万颗恒星中，仅能找到一颗让我们心动的宇宙化石。我刚读研究生时，耗费半年时间初筛候选体，连续处理大量的数据，最后也没能找到有价值的信息。

不只是"海选"辛苦，接下来的"精挑"——对选出来的化石做高分辨率、高精度的光谱分析——更让人崩溃。动辄就是好几百颗星星，每一颗星都有好几百条谱线，每一条暗弱的谱线都要去细细测算。时不时还要推倒重来，反复分析。刚开始接触高分辨率光谱分析的那个学期，我甚至有一次在梦中因为遇到一条怎么都拟合不上的谱线而被急醒。

因为我们所研究的宇宙化石恒星非常遥远而暗弱，为了细致观察它们的光谱，需要用到世界上最大的光学望远镜。所以我常去的观测地点之一是夏威夷。

每次观测，我都要一头扎在那座远离海滩和人群、海拔4000多米的火山山头上。我们格外珍惜每次观测机会，因为竞争异常激烈，必须与全世界同行通过自由竞争来申请使用权限，一般成功率也就百分之几。更重要的是，就算你披荆斩棘成功拿到了使用望远镜的机会，也不意味着你就一定能够顺利完成观测任务——因为对于天文学家来说，在光学波段观测，就和种庄稼一样，得靠天吃饭。

第一次去夏威夷观测，我申请到两个观测夜，抵达的第二天却突然变天，观测无法继续。我有些沮丧，同行的合作者是有着20年经验的日本天文学家青木教授，他非常淡定地开导我："没关系，观测经常会遇到这种情况。"

第二年，我们再次相约夏威夷。第一天晚上观测到一半，突然云涌了上来，阴雨持续到第二天。如果说上一次观测成功率是50%，那么这次只有25%。青木教授依然淡定，安慰我说："别难过，我遇到过比这更糟糕的情况。"

第三年，又一次来到夏威夷，观测当天上午艳阳高照，但下午3点多，老天爷突然开了个大玩笑，我们迎来了当地20多年难遇的春季暴雪！很快，大雪封山。这一次，我们甚至连观测室都没能进去。青木教授叹口气说："这是我目前遇到过最糟糕的情况了。"而我，也因此获得了一个观测天文学者避之唯恐不及的诨名——"夏威夷雪神"。

每当这时，我都不由得感叹：再浪漫的工作，具体到现实中的每分每秒，都是平凡而琐碎的。

03 有时，你还需要一点运气

当然，夏威夷不只有雨雪交加，更有科学发现的惊喜。第二次观测的时候，由于天气迟迟不见好，大家只能坐在一起聊天，从宇宙起源一直聊到国际局势。凌晨3点，大家都有点撑不住了。为了挽救尴尬聊的场面，我号召大家来看看昨天的观测数据。"这颗不错""这颗也挺老的""嗯？"我突然发现有条光谱似乎有问题，这个地方不应该有这么强的吸收特征啊，当时的第一反应：不会是我们数据处理出问题了吧？经过现场3人轮番排查，终于排除了技术错误的可能性，证明我们看到的是一条真实存在的、超强的锂元素吸收线！

探测到锂为何如此激动？因为我们所关注的古老宇宙化石恒星特别缺锂，在正常光谱中的锂线位置通常没有什么波动，但现在却强到出乎意料！

于是，我第一时间给从事理论研究的合作者写了封邮件求解。美国《科学新闻》杂志也第一时间对我们的发现进行了报道。更让我兴奋的是，平时总是理论学家指导我们实测，这一次，我终于可以给理论学家制造一点"麻烦"了。

从那之后，我们开始重点关注锂线特征，并且陆续挖到了好几颗这类奇特的"宇

宙化石"。现在，我们正联手理论学家尝试解释，它们究竟是从远古宇宙的什么地方获取了那么多锂。这是一个现有理论无法解答的问题，如果有一天找到了答案，将有可能改写人类对于宇宙中元素起源的认知。

04 恒星考古还能抚慰心灵

于我而言，恒星考古是我们窥探宇宙鸿蒙之初的一扇窗口，更是我们对周遭世界产生全新感知的路径：我们身上的每一个原子，氢、氧、碳、钙、氮、磷，和古老的"宇宙化石"几乎一模一样，都穿越了130多亿年的时空，从大爆炸而来，从宇宙的起源而来。我们每个人都来自星尘，这不是"鸡汤"文学，而是科学事实。

某次，一位朋友因为工作上受挫而自我怀疑极度忧郁，我便用这套理论开导她："你身体里大约有70%是水，对应8.6%的氢，它们全都是宇宙大爆炸产生的！所以，这个120斤的你就携带着差不多9斤来自大爆炸的氢！完全是具有宇宙意义的重要存在啊！"朋友听了，更难受了："你才120斤呢！"

玩笑归玩笑，对我来说，感受到这一点真的很酷。虽然人类相比宇宙非常渺小，但是，从生命元素的起源来说，我们每个人身体里都留下了宇宙大爆炸的证据，我们每个人对于宇宙都具有特殊的意义。我和你，每一个人都是。

如何成为一名
配音演员

❋ 林 落

几年前，我第一次站在录音棚柔软的隔音毛毡上，幻想着未来是否可以用物理的声带震动，让屏幕或文字那侧的构想，在耳边栩栩如生。

录音棚的隔间里坐着十几个人。因为紧张，我慢慢把试音稿举到眼前，停顿片刻。一位没化妆的前辈示意我可以开始了。现实就是我开口后，前辈们的目光里流露出失望。我捏紧试音稿强撑着读完，想着自己果然是个不自量力的自大狂。回到寝室，我自暴自弃地想，算了。

意外的是，因为普通话还凑合，我十分勉强地成了众多音色或甜美或帅气或别具一格的录取者中的一个例外。更意外的是，几年后的现在，我成了声音最难听的配音导演。

一

读大学前，我的课余时间几乎全花在看书上网打游戏上，别人问我长大以后想做什么，我说，我就想考个好大学。所以我加入大学配音相关社团纯属没事干，听了些广播剧，对其兴趣稍微浓厚了些，便想了解下。

都说录音棚里欢乐多——而我这时才刚刚开始吃苦。

配音的基础培训内容主要集中在气息和普通话上，这两者需要长期训练。气息稳需要绷紧腹部，还有就是多"喊"，多"用力说话"，专注地说话。在视频网站上这些教程都很常见，也有专门讲解普通话训练的书籍，可以从图书馆借阅或者买一本慢慢练习，最重要的是坚

持练习，培养语感。

从高中毕业生到一名刚刚入门的配音演员，我逐渐有了以下三个方面的改变，也是很多人在入门时会有的改变：

第一个改变是自身能力的提高。配音演员天然的声线是不能改变的，但基础能力很大程度上决定了以后的试音过程中，有多少可以即取即用的东西。气息方面我有个一直以来的坏习惯，一边说话一边喘气。上初中时老师点我起来读课文，一小段我能读得上气不接下气，简直到了偶尔会让很悲伤或欢快的课文含义大变的程度；普通话方面，因为我比较偏南方口音，于是，大一大二时，我几乎每天晚上完成学业任务后都会到操场、空教室或者天台读普通话语料，或者跟读配音，时间一般在两三个小时左右，读到操场上的人渐渐散去，天台四周的光暗下去，嘈杂的声音归于寂静。平时走在路上也在琢磨台词，比较重音和情感的细微变化，扩充生僻字识记量。能力就是在一次又一次的练习中进步，慢慢得到认可的。

第二个改变是对配音本身的认识。配音要用自己最舒服的方式说话，把嗓子打开，更重要的是对情感的感受力，最终听众记住的是你的戏。所以没有不好听的声音，只有没找到合适发声方式的嗓子，只有没沉浸于真情实感的心。我原本对配音的认知是伪音，学会改变自己的声线，模仿其他配音演员的声音。所以过去天天在偷师帅气的霸总音或者夹嗓子学甜美的女孩子的嗓音，未遂，且差点让我小心翼翼请来的听者动手。关于声线本身的高低，可以在软件里观察。

第三个改变是直面内心，解放天性。引用前辈的话，你在台上要脸，那就是不要脸。我是同学们口中的"社恐人"，具体表现在只要不是必须坚决不主动跟陌生人说话，更别说练习台词要发出那么大声音，还要包含情绪。作为拓展，学习表演时，表演老师同样说明表演者要学会释放情绪。另言，太自卑或许也是一种不敢突破舒适区的懒，越是不自信越是什么都做不成，因为只要不去做，指责和评判就不会来。对此，表演老师分析说，是因为我们从小就被家长老师要求控制好自己的情绪，所以想把这些压抑已久的情绪释放出来很难，在表演时我们就要把内心最深、最隐秘的情绪开诚布公。克服内向的练习几乎跟第一个改变是一样的，只要多练多出声，慢慢习惯了就不会不敢，说直白点就是——脸皮变厚了。

二

关于配音，有一些常被咨询的问题，整理如下：

1. 应该怎样选择专业？我不是相关专业可以学习配音吗？我的普通话不好怎么办？

有前辈提到过，过去大部分配音演员学习的是表演专业，不过现在相当多配音演员的专业都是五花八门的，共同点就是喜欢配音。

普通话不会因为天天问别人"我普通话不好能不能配音"而提高。如果觉得普通话对于自己来说实在是太难学，那么应该是因为有更加值得倾注心血的工作，所以就没有那么强大的内在驱动力去练习普通话。如果真的很想配音就确保自己在能保证生活的前提下投入时间精力。大学生以学好自己的专业课为先，把配音当成兴趣也好。

2. 怎么学习和练习配音？

怎么学习：

①前文已经提到了基础的重要性。普通话、气息优先。

②看网课，或者报实体培训班。注意不要受骗，网上很多配音班不正规，可以关注国内知名工作室，如果他们开班，会在网上发招募信息。一些配音相关综艺节目也可以学到不少。

③从表演者的角度看电影、听配音。

分析总结前辈的方法进行学习积累。比如某个地方的情绪为什么这样表现，这样表现有什么优点，哪些地方有缺点，如果由你进行演绎应当如何改进；某个地方的语气／语速改变的潜台词是什么，塑造了角色的什么特点，体现了怎样的人物关系。好的台本没有一句台词是废话。

怎么练习：

①观察生活，从日常中积累。察觉自我，体察他人。个人主要的练习方式是模仿，多听多积累。有人说演员很多时候是靠"天赋"的，但笨人也有笨办法嘛。我本人就属于比较迟钝的那一类，所以就把自己听过的情感积累起来，在需要用到的时候调出来。

②可以把台词背下来，有空闲就可以练习找感觉。

③跟人结伴学习。可以及时互相反馈，互相监督练习，总结反思提高空间，执行改进方案，进步会很快。做一个谦虚、直爽、勤奋的人吧。

3. 关于配音表演技巧有什么建议吗？

①别太刻意和夸张。自然的表演就是最真实的，总是想强调某种情绪反而会让听众感到不适。别想着自己在演，比如可以想一想这句话自己说出来用怎样的语调，想一想如果对手戏演员没有开口打断你，你原本接下来会说什么词。

②表演就是在想象的情境下真实地生活。不能入戏的解决方案之一：加入肢体动作和表情。练习入戏可以找自己感兴趣的影视作品中情感变化较大的场次，模仿表情动作，分析人物心理和动机，为什么会有这种情绪／动作反应，是如何把身份

和情节信息隐含进去的。

4. 怎么认识业内人士？怎么入行？

在视频平台可以加入各种配音团队，可以留意他们的联系方式，通过考核成为他们的一员，如果通过不了就先练着吧。另外也有各种配音工作群，注意辨别。比较正式的方式是在招聘平台投递简历和配音作品集，工作岗位有广播剧或电台主播等。

5. 怎么选择设备？用什么软件？

录音话筒以及耳机声卡等一系列设备，网上有很多测评，可以一个一个搜，按照个人需求选择，这里就不再赘述。入门软件主要学习 Au（音频）、Pr（视频）基本就够用了，网上也有很多教程。音视频后期的素材也可以搜索素材网站。

三

配音可能很好玩，但更多时候感受到的是枯燥和重复。我们的生活就是不断地重复，一句话录一个小时、偶尔在棚里过夜……有几次校内项目，找大家的空闲时间开会，但是因为内容有点复杂，大家讨论到将近凌晨 1 点。能支撑大家把项目做下去的，是彼此之间不加修饰的吐露和绝对的信任，会让大家有一种齐心协力的"信念感"。

要学会早点开始，早点熟悉角色，早点做准备。才不至于在对方情绪已经到位的时候自己还没准备好。试音也是早点好，不然甲方早就找到了人，自己才发邮件，实在是铁定的石沉大海，没准还会失望，觉得是自己能力不足。

一定要保护好嗓子，嗓子废了就什么

都没有了。身边有朋友因为练得太拼命得了咽炎，休息了很久，无法上工。

另外，当配音成为工作，就要不断进步，以面对非常激烈的竞争。如果只当成兴趣，你可以一直在舒适区，把配音当成一种娱乐方式。

录音棚里，欢乐的背后，是大家天天都能感受到的被否定被拒绝，对自己的不自信，努力之后没有结果的怅然。

记忆犹新的是某位一线前辈的访谈。他在众多游戏和动画中献声，并且也有自己的本职工作。被人问起他是怎么做到行业一线的，他咳嗽几声，带着笑意说，自己不是一线，远远不是。然后回答怎么提高到现在的水平："是为了生存——为了在大城市生存下去，才以配音作为兼职。"我个人对他印象很深的原因是，很久以前我还不了解配音的时候，某游戏的反派角色是他配音，当时我一下就被他的声音惊艳到了，差点投敌。

另外一位前辈，在配音培训班时，老师私下挑明说："不是我打击你，你的基础音色很有可能一直当协役（重要的次要角色）。"大部分时候，配音演员都是被挑选的对象，打破刻板印象会有些艰难，但无论如何，他没有放弃。数年沉淀后，他现在已经是知名的配音导演，经常有项目主动联系他参与。

所以不仅仅是配音啊，无论做什么，只要是真的热爱，你就已经有天赋了——也就是那句"热爱可抵岁月漫长"。最后祝大家考上理想大学之后，能去做自己喜欢的事。